新农村建设中农民主体作用研究
——以西南少数民族地区为例

刘鸿渊 陈怡男 著

中国社会科学出版社

图书在版编目（CIP）数据

新农村建设中农民主体作用研究：以西南少数民族地区为例/刘鸿渊，陈怡男著. —北京：中国社会科学出版社，2016.6
ISBN 978-7-5161-8121-8

Ⅰ.①新… Ⅱ.①刘… ②陈… Ⅲ.①民族地区—农村—社会主义建设—研究—西南地区 ①民族地区—农民问题—研究—西南地区 Ⅳ.①F327.7 ②D422.64

中国版本图书馆 CIP 数据核字（2016）第 099814 号

出 版 人	赵剑英
责任编辑	王　曦
责任校对	周晓东
责任印制	戴　宽
出　版	中国社会科学出版社
社　址	北京鼓楼西大街甲 158 号
邮　编	100720
网　址	http://www.csspw.cn
发行部	010-84083685
门市部	010-84029450
经　销	新华书店及其他书店
印刷装订	三河市君旺印务有限公司
版　次	2016 年 6 月第 1 版
印　次	2016 年 6 月第 1 次印刷
开　本	710×1000　1/16
印　张	13.5
插　页	2
字　数	201 千字
定　价	52.00 元

凡购买中国社会科学出版社图书，如有质量问题请与本社营销中心联系调换
电话：010-84083683
版权所有　侵权必究

前　言

古典主义二元经济理论认为农业部门边际生产率为零的剩余劳动力转移到现代部门，结构调整和经济总量增长目标就会自动实现。新古典主义在否定古典主义假设的基础上，解释了农村剩余劳动力转移的过程，强调市场完备条件下农业发展对二元经济结构转化的重要意义。20世纪90年代以来，西方学者对刘易斯、费景汉、拉尼斯的二元经济结构模型进行了大量的实证研究，进一步完善了二元经济理论体系，认为欠发达国家市场制度不完善，价格机制无法使劳动力从农业部门向工业部门转移，资本积累的目标难以实现，因此，政府应在工业化的古典或起飞阶段进行干预，强调政府在二元经济结构转化中的作用和地位。

2006年我国确定了"生产发展、生活宽裕、乡风文明、村容整洁、管理民主"的社会主义新农村建设目标。国内学者在二元经济理论基础上，在工业与农业、生产与消费、农民收入以及城乡关系的总体框架内，立足于我国基本国情，对新农村建设的背景、现实意义、相关政策、发展路径和模式选择进行了大量的规范性研究，一致认为"政府主导、农民主体、社会力量参与"是新农村建设的推进模式。新农村建设目标的实现过程不仅是我国二元经济结构逐步缓解的过程，也是我国二元社会结构消除的过程，农民的主体作用体现在这一过程中。受新农村问题研究时间的影响，现有研究一是对农民主体作用的内涵并没有给予清楚的界定；二是认为制约农民主体作用的因素是农民的人力资本和政府的制度供给，只要加大人力资本投资和制度供给，农民的主体作用就会自动生成；三是宏观的、一般性研究较多，提出的对策多为普遍性规则，而对特殊地区新农村建设的对策并不多见。因此，总体上对农民主体作用的研究不仅要考虑经济因素，而且应该包括非经济因素，立足于一个特定的环境，梳理清楚制约农民主体作用发挥的前因变量，是新农村建设初期阶段应该首先回答的理论问题和相关政策制定的依据，直接关系到相关政策的实施效果，是应着力解决的关键点。

西南少数民族地区地处西南边陲，聚居着藏族、壮族、彝族、苗族、羌族等30多个少数民族，自然条件恶劣、生态功能显赫，不仅历史悠久，民族之间行为方式差异大，关系结构复杂，而且远离中心城市，城市化和工业化水平低于全国平均水平，是我国贫困程度最深的地区之一，自身发展压力大。复杂的社会文化结构与基层政府财政困难、农民收入低、社会力量薄弱共同构成了西南少数民族地区新农村建设的客观现实，与宏观研究所依据的一般环境存在着较大的差异，农民主体作用的有效发挥既受共性因素的影响，又受特殊因素制约，因此，根据西南少数民族地区经济发展水平、城乡二元经济结构、社会结构、县乡财政、自然条件、民族文化、个人特征等因素，运用实证分析方法对农民主体作用问题进行系统研究，找准问题，提出有效的政策建议，具有十分重要的意义。

本书从发展经济学、制度经济学、公共经济学、信息经济学、社会学等多角度切入，将社会主义新农村建设目标解构为私人收益与公共利益，从而把农民主体作用纳入特定环境条件下，农民与农民、农民与政府、农民与不同社会组织之间交互作用的理论研究框架内，从建设者和受益者两个角度综合考察西南少数民族地区农民在新农村建设中的私人行为与集体合作行为产生的条件、行为方式和结果。本书的主要研究内容包括：

第1部分：农民主体作用的基础理论。在对国内外有关合作行为、政府行为理论和公共产品理论进行梳理的基础上，对新农村建设的主要内容、做法经验，农民主体作用的一般性内涵、范围等，以及政府的作用和定位进行综述；对西南少数民族地区社会主义新农村建设的特殊性及制约农民主体作用的因素进行分析。

第2部分：西南少数民族地区新农村建设现状研究。选择不同的少数民族地区收集数据和案例，了解西南少数民族地区新农村建设进程及建设中的难点。

第3部分：主体要素与西南少数民族地区社区范围内农民合作行为研究。将个体层面的个体属性和个体在社会中的阶层位置作为主体要素，系统地研究个体属性和群体属性与合作行为之间的关系。

第4部分：制度要素与西南少数民族地区新农村建设农民合作行为研究。在对相关理论研究进行系统分析的基础上，将信任和治理结构作为新农村建设中影响农民主体作用发挥的两个重要而关键的制度变量。

第5部分：政策建议。从新农村建设决策模式、农村公共产品供给机制、农村人力资本投资、乡村治理、非物质文化保护、生态文明建设、农村社会资本培育等方面提出充分发挥农民主体作用的政策建议。

目 录

第一章 绪论 ··· 1

  第一节 研究背景 ··· 1

  第二节 研究意义 ··· 5

    一 理论意义 ·· 6

    二 现实意义 ·· 8

  第三节 研究目标及主要内容 ··· 9

    一 研究的主要目标 ··· 9

    二 主要研究内容 ··· 11

  第四节 研究的重点、难点 ·· 13

    一 研究重点 ··· 13

    二 研究难点 ··· 13

  第五节 拟采取的研究方法和技术路线 ···························· 14

  第六节 本书研究的创新点 ·· 15

第二章 国内外研究现状及文献综述 ································· 17

  第一节 农民合作行为研究 ·· 17

    一 群体合作行为研究 ··· 17

    二 早期的中国农民合作行为研究 ······························· 18

    三 现代中国农民合作行为研究 ·································· 20

    四 农民合作行为研究评述 ·· 22

  第二节 嵌入理论研究 ·· 24

    一 理性行动理论的局限性 ·· 24

二　嵌入理论 …………………………………………………… 25
　　三　嵌入理论的应用研究及趋势 ……………………………… 27
　　四　嵌入理论研究评述 ………………………………………… 28
第三节　**公共产品供给行为研究** ………………………………… 29
　　一　公共产品的内涵与范围 …………………………………… 29
　　二　西方公共产品供给理论研究 ……………………………… 29
　　三　公共产品供给的实验经济学研究 ………………………… 32
　　四　公共产品供给主体属性研究 ……………………………… 33
　　五　国内农村公共产品供给主体行为研究现状 ……………… 35
　　六　公共产品供给主体行为研究评述 ………………………… 37
第四节　结论 ………………………………………………………… 37

第三章　社会主义新农村建设的内容和目标实现研究 …………… 39
第一节　社会主义新农村建设的内容、原则、目标 ……………… 39
第二节　社会主义新农村建设目标的公共属性阐释 ……………… 42
　　一　社会主义新农村建设目标认识的理论基础 ……………… 42
　　二　生产发展的公共属性分析 ………………………………… 42
　　三　生活宽裕的公共属性分析 ………………………………… 43
　　四　乡风文明的公共属性分析 ………………………………… 45
　　五　村容整洁的公共属性分析 ………………………………… 46
　　六　管理民主的公共属性分析 ………………………………… 46
第三节　社会主义新农村建设的典型做法和实践经验 …………… 48
　　一　内源型建设模式 …………………………………………… 48
　　二　外源型建设模式 …………………………………………… 49
　　三　产业带动型建设模式 ……………………………………… 49
　　四　城镇化建设模式 …………………………………………… 51
第四节　社会主义新农村建设中的主体定位 ……………………… 52
　　一　社会主义新农村建设中的决策主体作用 ………………… 52
　　二　社会主义新农村建设中的行动主体作用 ………………… 53
　　三　社会主义新农村建设中的受益主体作用 ………………… 53

第五节　制约农民主体作用发挥因素的一般性分析 …………… 54
一　农民素质的制约问题 …………………………… 54
二　农村社会关系的制约 …………………………… 55
三　组织化程度低 …………………………………… 55
四　基层政府对农民主体作用认识不清 …………… 56

第四章　西南少数民族地区新农村建设的基本现状分析 ………… 57

第一节　西南少数民族地区社会主义新农村建设取得的主要成就 …………………………… 58
一　西南少数民族地区农村经济快速增长 ………… 58
二　西南少数民族地区的农业经济结构进一步优化 …… 59
三　西南少数民族地区基层组织建设更健全 ……… 60
四　西南少数民族地区农村的基础设施建设更完善 …… 60
五　西南少数民族地区乡风文明程度进一步提高 ……… 61
六　西南少数民族地区农民可行能力显著增强 …… 62

第二节　西南少数民族地区社会主义新农村建设的特殊性 … 63
一　农业基础设施较为落后 ………………………… 64
二　教育水平与人口素质普遍较低 ………………… 67
三　公共产品供给和公共服务质量较差 …………… 67

第三节　西南少数民族地区社会主义新农村建设的现实困境 …………………………… 68
一　自然灾害频发，农村贫困面大，内生发展能力缺乏 ………………………… 68
二　农业基础设施落后，农业发展基础保障条件劣势十分明显 ………………… 69
三　农民参与社会主义新农村建设能力明显不足 ……… 71
四　传统社会资本不断流失，内生型资源动员能力明显不足 ………………………… 72
五　西南少数民族地区新农村建设的农村"空心化"难题 …………………… 73

六　农民主体实质性自由缺乏，可行能力明显不足 …… 75

第五章　社会主义新农村建设农民主体作用的理论框架研究 …… 78

第一节　问题的提出 …………………………………………… 78
第二节　农民主体合作行为的环境分析 ……………………… 80
第三节　农民主体合作行为研究的二维视角 ………………… 83
第四节　嵌入理论框架下的农民主体合作行为的理论命题 … 88
　一　主体要素与农民主体合作行为的理论命题 …………… 88
　二　制度要素与农民主体合作行为关系的理论命题 ……… 90
第五节　结论与启示 …………………………………………… 93

第六章　个体属性与西南少数民族地区新农村建设农民合作行为研究 …………………………………… 95

第一节　总体分析框架 ………………………………………… 95
第二节　理论假设 ……………………………………………… 98
　一　农户户主个人特征方面 ………………………………… 98
　二　农户的家庭特征方面 …………………………………… 99
　三　农民的认知状况 ………………………………………… 100
第三节　调查样本的描述性统计分析 ………………………… 101
　一　数据来源 ………………………………………………… 101
　二　样本农户的基本特征 …………………………………… 101
　三　解释变量的描述性统计分析 …………………………… 102
第四节　回归分析 ……………………………………………… 103
　一　方法选取 ………………………………………………… 103
　二　理论模型建立 …………………………………………… 104
　三　模型估计结果 …………………………………………… 104
第五节　结果分析 ……………………………………………… 106
　一　农户户主的特征对农户参与新农村建设合作行为的影响 …………………………………… 106
　二　农户家庭特征与农户参与新农村

　　　　　建设的合作行为 …………………………………… 107
　　三　认知状况与农户参与社会主义新
　　　　农村建设的合作行为 ………………………………… 109

**第七章　社会分层模式下西南少数民族地区
　　　　新农村建设农民合作行为研究** ………………………… 111

　第一节　新农村建设合作行为群体属性的界定 ……………… 111
　第二节　群体属性与新农村建设合作行为的关系分析 ……… 114
　第三节　西南少数民族地区新农村建设农民
　　　　　合作行为的演化博弈模型 …………………………… 118
　　一　基本条件假设 ………………………………………… 118
　　二　村民个体的演化博弈分析 …………………………… 119
　第四节　社会分层模式下的西南少数民族地区
　　　　　新农村建设典型经验 ………………………………… 123
　第五节　本章小结 ……………………………………………… 126

**第八章　信任关系与西南少数民族地区新农村
　　　　建设合作行为研究** ……………………………………… 128

　第一节　信任关系与新农村建设农民合作
　　　　　行为的内在机理分析 ………………………………… 128
　第二节　信任与农民主体合作行为的理论分析 ……………… 130
　第三节　西南少数民族地区农村社区的信任结构分析 ……… 133
　第四节　村庄信任与新农村建设农民主体
　　　　　合作行为的均衡博弈 ………………………………… 136
　　一　固定模式下村民与村民委员会的重复博弈 ………… 136
　　二　人口流动模式下村民与村民委员会的信任博弈 …… 139
　第五节　两个案例的比较分析 ………………………………… 142
　　一　凉山彝族自治州的社会主义新农村建设实践 ……… 142
　　二　贵州省社会主义新农村建设实践 …………………… 145
　第六节　本章小结 ……………………………………………… 146

第九章 治理结构与西南少数民族地区新农村建设合作行为研究 ………… 148

第一节 农村治理结构与新农村建设的分析框架 ………… 148
第二节 组织层面的农村社区治理环境与结构分析 ………… 152
第三节 主体合作行为理论模型构建与均衡条件演化 ………… 156
 一 乡镇政府与村民委员会合作行为博弈模型 ………… 159
 二 村庄范围内村民自发组织与村民委员会合作行为博弈分析 ………… 164
第四节 云南西双版纳州的社会主义新农村建设实践案例 ………… 168
第五节 本章小结 ………… 169

第十章 结论与政策建议框架 ………… 171

第一节 研究结论 ………… 171
第二节 研究结论的启示性意义 ………… 174
第三节 宏观政策建议 ………… 176
第四节 存在的不足与有待进一步研究的问题 ………… 180
 一 存在的不足 ………… 180
 二 有待进一步研究的问题 ………… 180

参考文献 ………… 182

后 记 ………… 201

第一章 绪论

第一节 研究背景

中国经济社会典型的"二元性",在经过改革开放的快速发展后,城乡经济之间的差距并未出现发展经济学的收敛,相反地,二者之间的差距却有进一步扩大的趋势(辜胜阻,2009)。农村社会经济发展的滞后已严重制约中国经济的健康、持续发展(陈锡文,2010)。社会主义新农村建设对整个中国经济社会和谐发展、可持续发展具有重要的战略意义。一方面,加大公共财政对农村、农业的投入,建立起"城市支持农村,工业反哺农业"的城乡协调发展模式和良性运行机制,促进农村经济社会的发展和农业生产条件的改善,实现城乡之间的统筹协调发展是党和国家在现代化建设进程中的工作重点,其经验和教训将成为我国社会主义市场经济建设对发展经济学的理论贡献。另一方面,在充分考虑到我国城乡"二元"结构的总体状况和地区非均衡发展的客观现实,社会主义新农村建设离不开农民主体作用的发挥,是内源型资源和外源型资源共同作用的结果。以外源型的资源输入为基础的农村经济、社会发展模式的成功关键在于外源型资源与内源型资源的共生互动。外源型资源的溢出效应和带动促进作用是以农村社会经济结构为基本前提条件的,既离不开农村社会内部经济资源和社会资源的积累和构建,也离不开对农村社会非市场制度安排即农村社会组织环境的认识。农民是社会主义新农村建设各项活动的决策、行动和受益主体，是农村经济发展和农村社会资源建构的主体，村民之间建立在良好的信任、合作关系基础上的农村社会资本既是农村社会资源的重要组成部分，也是社会主义新农村建设的基本条件，更是外源型资源发挥作用的关键因素。

　　社会主义新农村建设具有正外部性和公共属性，其建设成就体现在农村经济、社会的发展上。农村经济社会发展是以一定的基础设施为前提条件的。如果以农村经济社会的良性发展离不开农村公共产品的有效供给和公共资源的治理为基本事实，那么社会主义新农村建设既需要纯公共产品（pure public goods）、准公共产品（quasi-public goods），也需要立足村庄范围内的社区性公共产品，离不开不同受益范围内公共产品的有效组合。传统的公共产品供给效率理论认为公共产品的市场供给将会面临"市场失灵"，因此，应根据公共产品不同的经济属性和技术属性采取"多中心的供给模式"。纯公共产品受其非排他性（nonexclusive）和非竞争性（non-competitive）的影响，由更高层面的政府提供是有效率的，而社区性的公共产品受主体人数有限和信息公开透明等相关因素的影响，其有效率的供给模式应为社区居民自行供给。如果农村经济社会的和谐发展既决定于宏观层面的纯公共产品和准公共产品的供给，又决定于社区性公共产品的供给，农村公共产品的供给就是一个"多中心制度"的组合，那么在没有外在压力约束的情况下，发生在村庄范围内的社区性公共产品如乡村道路的修建、维护，乡村娱乐设施的建设，乡村的防火、防盗，乡村微型水利设施等的供给就是一种发生在特定环境下村民之间的合作行为，其供给水平决定于主体因素和环境因素，是两者之间共同作用的结果。以此为背景，在社会主义新农村建设过程中，农民的主体作用则在一定范围内表现为一种合作关系，也就是说，在社会主义新农村建设过程中的农民主体作用就是围绕农村经济、社会的发展和乡村面貌的改善的社区性公共产品供给合作行为。传统的中国乡村社会有别于西方经济学中的公共供给产品所假设的社区结构，是典型的"差序格局"（费孝通，2002），是一种建立在血缘、亲缘和地缘关系基础上的熟人社会，其合作行为是一种自发秩序。近年来随着经济社会的发展，农村社区出现了多向度的分化。在经济发达地区，农村社区正在逐渐解体，快速演化为城市社区；在经济欠发达地区，农村社区进一步解构，与人力资源的外出务工相伴而生的是大量"空心村"的出现。不管是农村社区的城市化或是农村社区的衰落，两者之间都是建构在"压力型政府"管理模式基础上的，政府在农村社会、经济资源的分配中具有重要的作用和影响，原有的建立在熟人社会基础上的互惠机制和重复博弈正在失去作用基础，内生于一个封闭系统的社区公共产品供给中的合作行为正面临着社区的开放性、村民异质化、村民之间关系结构、农村社区的治理结构等经济和社会因素的影响。

有关农民合作的研究历史久远，研究者多从社会学、人类学角度出发，从经验主义出发，研究的焦点集中在生产领域和生活领域两个既相互联系又相互区别的不同场域，对农民合作行为的总体结论包括在"善分、善合"的二维空间内，并从学理上给予社会学和人类学的解释。现有的行为经济学研究没有对农民合作在某一时点上的合作均衡或非合作均衡向另一时点上的非合作均衡和合作均衡"漂移"的原因进行研究，关键在于参与者以及他们的目标、偏好和影响参与者行为的有效规则被排斥在农民合作行为研究之外，忽略了时间的连续性、特殊事件和路径依赖对合作行为的因果关系关注。对农民合作行为的不同解释依赖于理性行为，单纯地采用博弈方法难以反映事件的全貌，这要求研究者必须从博弈中解脱出来，去作经验资料的调查，并将行为主体合作者的信念与行为之间的关系纳入到具体的策略行为推理中去，以保障其结论更加精确（Bates et al.，1998）。

在现代经济学的视野中，村民之间或农户之间联合提供社区性公共产品决定于经济利益和社会利益的共同作用，既涵盖了经济性因素的成分也包括了非经济性因素的成分，两者都是投资行为，只是投资的要素存在区别而已。农户合作提供社区性公共产品发生在农村的生产、生活场域内。理论研究对发生在农村生产、生活两个场域内的投资行为的学术进路是将农户的投资行为作为结果变量，系统地研究地权稳定性、土地规模、信贷可得性、劳动力转移、农地收益、承包期等前导变量与结果变量之间的关系（Brauw and Rozelle，2009；许庆、章元，2005）。这些前导变量中与农户家庭相关的生产要素禀赋条件受到了重视，而投资行为发生的环境因素并未得到足够的重视。中国农村社会正处于一个经济和社会双重转型时期，原有的维系传统农村社区内部持续有效运转的声誉机制正在弱化，计划经济时代大家相对平均的经济状况、村庄内部的交往方式等都发生了变化，这些环境因素的变化是一个持续而漫长的历史性事件，在这一漫长的历史进程中，村庄范围内的个体将会习得一些经验，形成基本的认知，从而影响其投资行为。

一般地，个体层面合作是以个体为主体，其合作的目标是解决依靠单一行为主体难以解决的困难和问题而与他人之间相互配合、协调行动，其结果既有利于自己又有利于他人的互动过程。个体合作发生在一定的空间和时间范畴，其合作的内容既有深度，又有广度，如果说个体合作可以进行分类的话，按合作的内容和达成目标的一致性可以将个体合作区分为基于私利的合作和基于公共利益的合作。前者是以社会交换为基础，后者是以集体行动为表现形式；前者所产生的合作收益具有排他性，后者所产生的收益具有非排他性和非竞争性，是公共产品供给过程中的合作。社会主义新农村建设离不开公共产品供给体系的建设，既需要不同层级的政府为农村生产、生活提供均等化的公共服务，也需要社区居民之间围绕农村社区范围内的共有利益和目标进行合作，也就是农民主体作用的发挥。农民主体作用的发挥发生在一定的结构环境下，既是个体与环境互动作用的过程，也是一种结果表现。如果将社会主义新农村建设过程中农民的主体作用界定为围绕着农村社区层面公共产品的供给而发生的参与决策、执行和利益分享行为是一种基于公共利益的合作行为，且对中国社会主义新农村建设具有重要意义，那么社会主义新农村建设中的农民主体作用研究就演化为一种合作行为研究，由此而产生的问题就包括了合作行为在什么样的环境结构下才会产生，如何演变，演变规律等就成为问题的核心，既需要从理论上去完善和丰富，也需要从实践层面去检验。显然地，对这一问题的研究就涵盖了以下问题：一是合作行为发生的环境结构是什么？合作行为与哪些因素有关？农村环境结构应该如何判别？其关键要素是什么等一般性的研究问题。二是如何将一般性问题作具体化处理，即将一般性结论用于一种特定环境，其结论的验证性问题。

第二节 研究意义

受制于农村人口、经济发展与环境、资源关系等多种因素，中国的工业化和城市化面临着资源、环境的双重约束，这客观上要求中国未来的发展在坚持工业化、城市化的道路同时，必须采用"工业反哺农业，城市反哺农村"的方式，保持和促进农村经济、社会的发展和繁荣。城乡协调发展的战略目标不仅有利于中国的粮食安全，而且也会给过快、过度城市化积累起来的各种尖锐矛盾的缓解赢得时间和机会。以农业生产的弱质性和城市工业既有的比较优势为问题分析的背景，在市场经济条件下，市场配置资源的结果将会导致城乡之间差距的进一步加大，因此，加大国家对农村、农业和农民的转移支付扶持和关心，建立起均等化的公共服务体系，促进城乡差距的均衡协调发展将在未来很长一段时期内成为我国工农业关系的基本策略定位。这种策略定位在经济层面上更多地体现在国民财富的二次分配体系内，政府将更多的财政收入用于农村生活条件、生产条件的改善、农民提高收入能力的建设上，提供更多公共产品和公共服务，实现城乡之间的公共服务均等化。以政府巨大的财政投入、农村公共服务覆盖范围的扩展为基本前提，其供给效率是政府加大农村公共服务的财政投入必须思考的一个问题，它既与立足于政府主体作用的公共产品供给模式有关，也与社区居民在既有的公共服务体系下，如何在微观层面上利用政府公共服务以及在政府所提供的公共服务体系下进一步完善公共服务的"末端"

体系建设有关，后者的本质就是立足于农村社区范围的农民的可行能力培育发展问题。农民的可行能力的培育发展是社会主义新农村建设的最终目标，也是农民在社会主义新农村建设中农民主体作用发挥的程度、方式的关键。本书将农民在社会主义新农村中的主体作用界定为农民在社会主义新农村建设过程中围绕社区公共产品供给的合作行为。由此而产生的对合作行为产生的条件是什么以及这种合作行为的演化规律是什么的理论探讨，不仅是合作行为理论研究的组成部分，而且具有重要的现实意义。

一　理论意义

公共产品的供给在理论上始终面临着公地悲剧（Hardin，1968）、囚徒困境（Dawes，1973，1975）和集体行动悖论（Olson，1965）的困扰。传统的治理路径是私有化和交给政府。奥斯特罗姆的公共资源自主治理理论在理论和经验上为公共资源的治理寻求到了第三条道路，即在一定条件下，社群范围内可以形成公共资源的有效治理结构（Ostrom，Elinor，1990）。微观层面上的社区合作行为是一种集体行动（Collective action）。现有的理论研究表明，以行为主体的经济理性为基本假设，机会主义（Opportunism）和个人主义（Individualism）支配下的行为主体集体行动的结果将会是非理性的，也就是在提供公共产品方面，集体行动将会面临着异质性个体收益函数与成本函数的差异难题，从而陷入奥尔森式的集体行动困境。一方面，中国农村有着几千年的历史，农村社区厚重的历史和结构对生于斯、长于斯的行动个体的价值理念、动机和行为模式有着深远的影响；另一方面，公共治理理论框架内的行动个体既有共性，也有着非一致性，农村社区正处于由传统的农村社会向公民社会转型时期，经济、社会的转型既改变了行动个体，也改变了其行动环境。上述两个方面的不同和变化带来了合作行为理论研究的一个新的命题，即农民、农户家庭、农村社区组织管理者作为农村社区性公共产品的供给主体，其合作行为模式是什么？受制于哪些环境因素的影响？它与其他社区范围的社区公共产品供给主体的行为模式有何区别？传统的合作行为理论以及公共产品供给主体行为理论对特定时期的中国农村社区性公共产品供给主体行为之间差异性的解释力度如何等问题是公共资源治理的重要组成部分，既需要从社会学、人类学、心理学的角度对中国语境下的农民合作行为进行合理的解释，也需要从经济学和管理学的角度去对农民合作行为的发生条件、作用机理作出理性的逻辑推理和实证检验。

目前，加强社会管理，提高管理者的社会管理能力，选择科学的管理方式对社会进行管理已经成为中国和谐社会建设和经济社会可持续发展的重要任务。宏观层面上的社会管理工作是以微观层面上的个体行为动机和中观层面上的群体互动行为的清楚认识为基础的。在现代经济学和管理学的理论体系中，对具体场域（Field）的行为主体有着不同的假设。源于"经济人"和"社会人"的不同假设形成了组织管理的委托—代理理论和管家理论。在委托—代理的理论体系中，行为主体受个人主义（Individualism）和机会主义（Opportunism）支配，个人主义将会导致其行为是以追求自身利益最大化为目标的行为选择，机会主义则会导致行为主体在合作过程中牺牲他人利益行为的产生，从而引发代理问题和代理成本的产生（Fama & Jensen, 1983）。源于社会学和心理学的管家理论以"社会人"为基本假设，在管家理论的理论体系中行为主体是集体主义的，其行为目标是自我价值的实现（Donaldson & Davis, 1989, 1991; Davis et al., 1997）。在代理理论的视野中，社会情境因素对行为主体的行为影响是没有任何作用的，行为主体完全是"自然人"，处于一种低度的社会化或社会化不足（Under-Socialized）状态（Lubatkin et al., 2007）。在管家理论的视野中，行为主体的生存、安全、社会交往等在马斯洛需求层次中处于较低层次的需要是不会主导其行为表现的，包含在自我价值实现范畴内的成功、名望等需要将会主导其行为，行为主体处于完全社会化状况，是一种过度社会化（Over-Socialized）。基于行为主体不同的假设必然会导致治理的指导思想、机制设计的方式不同。传统地将农民作为"小农"以及"小农"意识来对农村社会进行控制管理的方式正面临着理论假设的挑战，农村社区范围内的合作行为的研究亟须寻求到一个新的研究视角。行为主体是处于社会化不足还是社会化过度，如果将高度异质化的农民纳入到一个笼统的"小农"概念中是否恰当，传统农村社会普遍存在的规范、社会化规范和惯例、社会网络的社会情境因素（M. Granovetter，1985）是否会对农民的合作行为产生影响等问题客观上要求理论研究应将社会情境因素纳入到农民社区合作行为的研究框架内，拓宽有关不同社区范围内合作行为研究的视野。

二 现实意义

伴随社会主义新农村建设各项事业的推进，作为参与主体，农民的可行能力将会在实践中得以提升，同时，农村的公共产品供给和各项服务体系将会得以完善，这既包括农村公共产品的供给，也包括对已形成的公共资源进行治理。相对于公共资源的治理，农村公共产品的供给与农村生活、农业生产条件密切相关，其供给水平的提高有利于农民收入的增加和城乡差距的缩小，在社会主义新农村建设中更具现实意义。农村社区性公共产品既包括生产性的设施提供、维护，也包括了生活条件的改善，更多的是一种新的要素的投入和配置。农村社区性公共产品的供给有利于提高农户生产要素投资的收益率、增加农户的农业生产收入、改善农村生产条件和农村生活条件、缩小城乡之间差距。传统农业的改造需要引进新的现代农业生产要素（舒尔茨，1978）。中国家庭承包责任制的实施赋予了农户自主进行生产、投资的决策权利，提高了农业生产力，促进了农村经济社会的发展，但制度激励所导致的边际效应递减，以农户为基本单位的私人投资行为和合作行为并没有进一步发挥作用，制约了农村经济社会的发展（叶子荣、刘鸿渊，2007；朱喜、史清华、李锐，2010），国家层面和政府提供的公共产品与农村社区范围内的行为主体提供的社区性公共产品共同构成了农村公共产品、公共服务体系。在农村公共产品服务体系的建设中，农民的主体性合作行为至关重要，决定于环境因素，是政府与农民、农民与农民之间互动作用的结果。农民在农村社区性公共产品供给过程中的合作行为产生的条件、演变规律，受制于哪些环境因素的影响都有待在既有的研究成果基础上进行更为深入的研究，不仅有利于农民社区性合作行为生成的激励制度供给，而且对在国家财政缺位、基层政府财政困境条件下充分发挥民间社会资本的作用，完善农村公共服务体系具有重要的现实意义。

西南少数民族地区地处西南边陲，聚居着藏族、壮族、彝族、苗族、羌族等30多个少数民族，自然条件恶劣、生态功能显赫，不仅历史悠久，民族之间行为方式差异大、关系结构复杂，而且远离中心城市，城市化和工业化水平低于全国平均水平，是我国贫困程度最深的地区之一，自我发展能力不足，面临着多元文化、地方财政收入、农民收入等多重困难。西南少数民族地区社会主义新农村建设的现实背景与宏观研究所依据的一般环境存在着较大的差异，农民主体作用的有效发挥既受共性因素的影响，又受特殊因素制约，因此，根据西南少数民族地区经济发展水平、城乡二元经济结构、社会结构、县乡财政、自然条件、民族文化、个人特征等因素，运用实证分析方法对农民主体作用问题进行系统研究，找准问题，提出有效的政策建议，具有十分重要的政治意义、生态意义和经济意义。

第三节 研究目标及主要内容

一 研究的主要目标

微观层面的社会主义新农村建设发生在社区范畴内，是以社区为组织载体的。理论上，社区作为一种人为建构的结果，是由行动组成的，存在于具体的时间与环境之中，时间的维度与具体的环境背景具有重要的决定性意义（Michel Crozier, Frhard Friedberg, 1977）。农村社区是由一定空间范畴内的家庭相互作用而形成的社会关系网络。家庭与家庭、成员与成员之间的相互作用和不同的作用方式构成了农村社区的不同形态和结构。受经济发展水平和制度安排的影响，西方学术界的社区是一元化的，也就是说其研究的对象更多地立足于城市社区,经济理性视角下城市社区居民之间的合作行为的产生动机是基于利益的计算,是利益驱动下的合作,有别于市场化的商品交易中行为主体追求单次利益最大化,互惠机制发挥着重要的作用,而是重复博弈,声誉在维系社区范围内的合作行为方面发挥着重要作用,是内生性的合作行为和自发秩序,它不仅维系了社区合作的广度也维系了社区合作的深度。农村社区是相对于城市社区而言的,是社区概念范畴内的一种特殊类型。立足于中国的现代化进程,农村社区正处于建构与解构动态变化过程中,传统的社会交换理论和互惠机制对当下的农村社区范围内的主体合作行为的解释力如何是社会主义农民主体作用必须首先回答清楚的问题。

本书以中国农村经济、社会双重转型为时代背景,以西南少数民族地区的田野调查数据为样本,立足于微观层面的农村社区范围内的社会主义新农村建设,以农民在农村社区性公共产品供给过程中的行为主体的合作行为为研究对象,以嵌入理论为分析视角,将行为主体的合作行为与合作行为发生的场域内因素结合起来,采用数理统计、博弈理论方法,对农村社区性公共产品供给合作行为与主体要素、制度要素之间的关系进行研究。

本书的研究目标主要包括:

(1) 立足于中国城乡二元结构,从城乡协调发展与整个中国经济可持续发展的关系出发,系统地研究社会主义新农村建设的公共属性,并以此为基础定义社会主义新农村建设中的农民主体作用。

(2) 从经济、社会两个层面去认识西南少数民族地区社会主义新农村建设的发展现状及现实困境,并从实质性自由角度去认识农民的可行能力及其在社会主义新农村建设中的作用。

(3) 从理论上回答除经济利益的理性计算外,主体要素和制度要素是否会对农村社区性公共产品供给过程中的合作行为,即农民主体作用产生影响、怎样影响、影响程度和作用机理四个方面的问题。

(4) 建立起一个基于嵌入理论的视角的农民主体作用的分

析研究框架，形成一个涵盖经济因素、社会因素的双重研究视角，丰富和完善公共产品自愿供给和联合供给合作行为的理论视野。

（5）以西南少数民族地区的社会主义新农村建设为样本，在田野调查获取数据和相关实践操作案例的基础上，对农民主体作用发生的主体要素和制度要素进行分类，以个体属性和阶层分化作为主体要素，以信任关系结构、治理结构作为制度要素，建立相关的理论模型研究不同主体要素和制度要素下合作行为的形成机理和动态均衡条件，从而从实践层面回答农民主体作用在什么样的条件下才能得以发挥的问题。

（6）结合上述研究结论，围绕社会主义新农村建设中的农民主体作用，从一般和特殊两个层面提出相关的政策建议。

二 主要研究内容

本书以合作行为、公共产品供给行为和嵌入理论为指导，以西南少数民族地区的社会主义新农村建设中的农民主体作用为研究对象，在对社会主义新农村建设的属性分析基础上和西南少数民族地区社会主义新农村建设的基本现状分析基础上，将社会主义新农村建设中的农民主体作用界定为农民围绕农村社区性公共产品供给合作行为。并以农村社区性公共产品供给过程合作行为的基本分析框架的建构为研究起点，将主体的合作行为纳入到一个涵盖经济和社会双重因素的框架内，系统地研究了合作行为与主体要素和制度要素之间的关系。其主要研究内容包括：

（1）绪论。在背景分析、问题界定、研究意义阐释的基础上，确定研究目标、主要研究内容，并对所采用的技术路线和方法、重点、难点进行概括性说明，作为全书的基础。

（2）国内外研究现状评述。根据研究的内容需要，从合作行为、公共产品供给行为和嵌入理论三个方面对本书所涉及的国内外研究成果进行研究范畴、研究方法和研究结果等方面的学术梳理和评述，作为问题提出和后续研究的基础。

（3）社会主义新农村建设内涵研究。以社会主义新农村建设的"二十字"目标为基础，从受益角度对其公共属性进行了分析，并以此为基础，将社会主义新农村建设中的农民主体作用界定为一种合作行为，并对其合作行为的制约因素进行了总体性分析。

（4）西南少数民族地区新农村建设现状分析。在对西南少数民族地区新农村建设所取得的成就进行概括性总结的基础上，对西南少数民族地区的特殊性和现实困境进行了研究。

（5）农民主体作用的理论框架。以嵌入理论为依托，在系统地分析、研究农村社区性公共产品供给行为研究成果基础上，对农村社区性公共产品供给的环境因素进行界定和分类，对环境因素与农民主体作用关系进行规范性研究，提出相关理论命题，构建一个农民主体作用研究的总体分析框架。

（6）主体要素与农民合作行为研究。将个体层面的个体属性和个体在社会中的阶层位置作为主体要素，系统地研究个体属性和群体属性与合作行为之间的关系。在个体属性的研究中，将户主特征、家庭特征和认知作为表征农民主体的个体属性。在群体属性研究中，以职业为基本视角，将农民主体的供给群体区分为两个大类，作为群体属性，个体属性和群体属性共同形成主体要素。分别采用数理统计模型和演化博弈模型系统地分析主体要素与合作行为的关系。

（7）制度要素与农民合作行为研究。本部分分为两章，在对相关理论研究进行系统分析的基础上，将信任和治理结构作为农民合作行为两个重要而关键的制度变量，首先在对农村社区性公共产品供给制度演变的历史性回顾基础上，系统地研究了农村社区性公共产品供给制度演变与农村社区信任关系结构、农村社区信任关系结构与农民主体合作行为的关系；其次将农民主体合作行为纳入到一个特定的治理结构中，以治理结构与农民主体合作行为具有相关性为研究预设，采用博弈方法比较研究了不同治理结构与农民主体合作行为的动态均衡。

（8）研究结论、政策性建议、研究创新和不足。

第四节 研究的重点、难点

一 研究重点

本书的研究重点集中在以下四个方面：

一是社会主义新农村建设过程中农民主体作用相关的概念的定义和相关理论依据的提出。包括农民主体作用、社会主义新农村建设公共属性的范围界定、属性特征分析、主体要素和制度要素的构成的理论依据。二是农民主体作用的主体要素和制度要素的描述、抽象、提取和界定。三是嵌入社会情境因素的农民主体合作行为的总体研究框架的建立。四是嵌入主体要素和制度要素的合作行为的发生机制和演变规律的理论模型的构建和实证研究。

二 研究难点

社会主义新农村建设发生在中国农村社会转型的特定时空范畴内，农民主体作用的本质是一种合作行为，如何将合作行为与环境因素之间的关系理论化并构建起合作行为的研究框架，既涉及对合作内容，农民主体作用、农民合作行为，合作行为发生场域的环境因素的界定、指标的选择和选取，又涉及相关研究的学术进路的技术选择，这是本书研究的第一个难点。

本书研究的第二个难点是发生在社会主义新农村建设过程中的农民主体作用是一个总和概念，在进行量化分析时，如何寻找农民主体合作行为结果的替代变量，它涉及如何将个体行为进行细化和抽象的技术处理方法以及以什么作为主体要素和制度要素的替代变量问题。

本书研究的第三个难点是样本的代表性问题。中国农村社会是一个高度分化的社会，不同区域的农村不仅存在着地域文化、惯例和行为规范等社会学层面的差异，而且也存在着经济收入、经济社会发展水平的差异，能够反映中国农村社区公共产品供给合作行为全貌的样本本身存在着选取的困难。以云南、贵州、四川和广西四个西南少数民族地区的个别地区的样本数据为依据，存在着科学性问题，以此为研究依据所得到的结论具有一定的样本局限性和特殊性，如何将以特定区域收集到的相关数据作为样本的研究结论进行一般化处理也是本书研究的难点。

第五节　拟采取的研究方法和技术路线

1. 文献综述的方法。本书采用文献综述的方法对合作行为、嵌入理论和公共产品供给行为的国内外研究成果进行学术梳理，以现有研究的不足作为问题的切入点。

2. 规范研究方法。本书采用规范研究方法对社会主义新农村建设中的农民主体作用和农村社会环境进行研究，提出农民主体作用及合作行为是嵌入特定的合作环境中，与主体要素和制度要素有关的研究假设。

3. 数理统计方法。本书在农民主体作用与主体要素和制度要素有关的总体框架内，采用数理统计的方法对个体属性与农民主体作用的关系进行研究，通过田野调查获取数据对理论模型进行检验。

4. 演化博弈方法。将农民主体合作行为视为动态变化过程，采用演化博弈的方法系统地研究了群体属性、信任关系、治理结构与农村社区性公共产品供给主体的合作行为的均衡演化和演化条件。

本书的研究路线如图 1-1 所示。

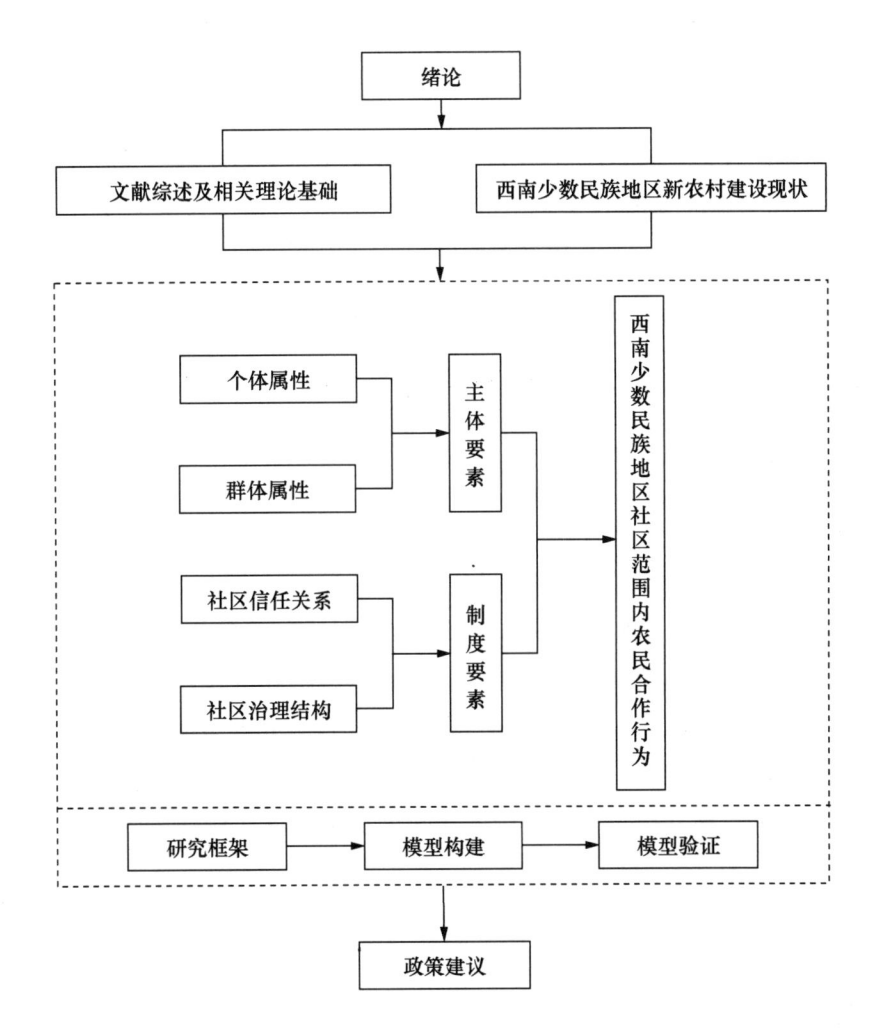

图 1-1 本书研究的技术路线

第六节 本书研究的创新点

1. 通过对相关文献的梳理与发掘，以社会主义新农村建设中农民主体作用为一种合作行为且中国农村社区性公共产品供给过程中合作行为与非合作行为并存为基本预设，建构了农民主体作用合作行为的经济、社会"二维"理论分析框架。

2. 运用该理论分析框架，将农民主体合作行为嵌入到关系结构和治理结构中，通过信任关系、治理结构的制度要素剖析，提出了"社会主义新农村建设中的农民主体作用取决于主体要素和制度要素的契合"研究预设。通过将农民主体作用嵌入到信任关系结构和治理结构中，采用动态博弈的方法，对信任关系结构、治理结构与合作行为的动态演化机理进行了研究，从而在理论上解释了社会主义新农村建设中的农民主体作用的基本属性。

3. 采用实证和博弈演化方法研究了主体要素与农民主体作用关系。以农村社区性公共产品供给制度的历史演变、现实制度安排和农村经济社会发展现状为研究背景，从个体属性、群体属性与农民主体作用进行了研究。在个体属性与合作行为关系的研究中采用了 Heckman 的二阶段回归模型，对个体层面的户主年龄、受教育程度、身体状况、家庭劳动力、收入及认知与其合作行为关系和合作方式选择进行了研究；在群体属性与合作行为的关系研究中，以社会分层理论为基础，采用了动态演化的方法研究合作行为的形成机理和动态演化，从而在理论上推进了主体要素与农民主体合作行为关系的认识。

第二章 国内外研究现状及文献综述

第一节 农民合作行为研究

一 群体合作行为研究

行为学派认为合作是一种有意识的协调行为，是主体之间互动的结果（Hinde & Groebel，1991）。合作具有自愿性、自利性和互利性的特征（韦倩，2009）。合作是现代文明的基础，对人类社会的发展具有重要意义，然而合作行为并非在任何条件下都可以实现（Axelrod，1984）。现有的有关人类合作行为的研究围绕着人类为什么合作和为什么不合作两种对立的情形来展开，采用的方法既包括田野调查（Field Study），也包括实验室实验（Laboratory Experiment）。受合作范围和层次多元化的影响，研究者对合作行为的研究进行了技术上的简化处理，多以群体选择可以部分解释单个行为主体之间的合作行为的演化为研究预设，系统地研究群体特征与群体成员合作行为选择之间的相关性（Bowles & Gintis，2003）。现有的研究成果认为成员的异质性、群体规模、经济平等性、制度安排与群体成员的合作行为具有相关性。群体成员的差异性表现在种族、宗教和社会阶层等方面。Banerjee、Iyer 和 Somanathan（2005）以印度391个区域数据为基础，以区域范围内的公共产品供给为例，研究发现种族和宗教异质性较高的地区对应着较低的公共产品供给数量；群体成员异质性与公共产品供给的相关性在墨西哥的灌溉系统（Dayton – Johnson，2000）、非洲肯尼亚的学校建设和水井维护（Miguel & Gurgerty，2005）都得到类似的检验。有关群体规模与行为主体之间的合作能力的论证最为经典是奥尔森（Olson，1965），在他看来，群体规模越大，人们越有动机对公共利益采取"搭便车"行为（free – riding），选择性激励（Selective Incentives）因对不合作者的惩罚性成本过高而不可行，因此会陷入集体行动困境。群体规模与合作能力负相关在重复博弈模型（Boyd & Richerson，1988）、计算机仿真实验（Bowles & Gintis，2004）和灌溉系统的维护、用水分配冲突（Bardhan，2000）中都得到较好的验证。群体成员的经济不平等性程度和群体成员的合作能力负相关也在实证研究中得到了数据支持。群体成员之间的土地、财产收益方面的不平等直接影响到社区性公共产品的供给。Khwaja 以巴基斯坦北部喜马拉雅地区 99 个群体的 132 个基础设施工程为例，基础设施的维护好坏与群体成员拥有的土地数量的不平等性存在着"U"形关系。发展中国家的田野调查证据证明合理的惩罚机制和沟通机制对群体成员的合作行为具有激励和约束作用（Cardenas，2003）。奖励机制和惩罚机制的联合应用在公共产品供给实验中可以得到最为慷慨的公共产品贡献（Sefton et al.，2006）。对等制度是社区范围内群体合作行为产生的一个基本必要条件（Bardhan，2000）。随着人们对群体合作行为的关注，有关群体合作行为的理论流派纷呈，学者基于起源相关性（Genetic Relatedness）对群体合作行为从不同的理论角度进行解释，形成了强互惠理论（Strong Reciprocity）、间接互惠理论（Indirect Reciprocity）、成本信号理论（Costly Signaling）和文化群体选择理论（Cultural Group Selection Theory）等不同的理论体系，这些理论学派从不同的视角对群体合作行为的动力机制进行了解释。

二 早期的中国农民合作行为研究

农民是相对于其他职业而言的，是一种职业称谓。然而在中国现实的语境体系中，农民既是职业称谓，也是身份的象征，这有悖于公民社会的客观现实。广义上，几乎所有的社会行动都是合作，甚至竞争也是一种合作（黄少安，2008；邱梦华，2008）。一直以来，农民合作问题是广大学者的研究重点。从现有的研究成果分析，不同时期的学者将农民合作的问题纳入一个演变的时空中，分别对传统农村社会中的农民合作行为和当代农村社会中的农民合作行为进行了研究。对传统农村社会中的农民合作问题的研究采用现代社会科学方法，研究的视角为乡村建设学、马克思主义理论和社会人类学，代表人物包括晏阳初、梁漱溟、陈瀚笙、毛泽东、费孝通，其中梁漱溟、费孝通、毛泽东三人对传统农村社会的农民合作行为研究最具影响力。梁漱溟从文化的角度，认为由于缺乏集体生活的形式、习惯和思想，农村社会表现出来的图画就是分散的和无组织的，缺乏公共道德和公共精神（梁漱溟，1997），而根治农村社会无组织性的基本方略就是建立起社会学层面的理性和伦理关系基础，改变农村社会的组织形式，从分散往合作里走，以团体形式利用外部技术，通过合作来促成公共精神形成。费孝通从社会结构功能理论出发，认为中国农村社会结构是一种内外有别的"差序格局"，社会小农的合作行为发生在社区范围内，是以血缘和地缘为中心逐渐推演开去的小范围合作，其合作的类型包括生产、生活和仪式场合的合作，更多地表现为一种行为的自发性（费孝通，2006）。基于社会主义革命建设的需要，毛泽东在《湖南运动考察报告》中分析了农民分散化的不足，为满足社会革命需要必须把农民组织起来，组织化的农民合作在政治层面上有助于中国的社会主义革命（毛泽东，1991）。

进入20世纪60年代，国外的社会学者以史料和田野调查为基础，对中国传统农村社会范围内的农民合作行为进行深入研究并取得了丰富的研究成果。马若孟以华北农村为例，对农民合作的范围、模式以及政权下乡对发生在较为封闭的农村社区范围内的自发合作行为的抑制作用进行了研究，研究表明基于村庄共同利益如治安、庄稼等公共事务，合作行为可以内生于农户之间，并提出通过创建不同的组织形态，农民的合作发生在其自创组织内部，"青苗会"、"红枪会"等民间团体的创建促成了村民之间的合作（马若孟，2004）。在黄宗智看来，发生在转型时期的农村社区范围内的农民合作行为是理性的农民或农户家庭对外界社会关系结构变化的一种"适用性行为"。由于国家与农村基层组织之间关系结构的变迁导致农民合作范围、合作内容的变化，在国家与农村基层组织关系紧张的情况中，农民合作的内容更多地局限于形成共同体抵制包括国家在内的外部组织给予农村社区的负担，如国家过重的税收负担，抗税成为特定时期、特定空间范围内农民合作的主要内容（黄宗智，2000）。杜赞奇将农民的合作纳入一个"文化网络"中，是嵌入了文化的合作，在外部政治、政权强制性介入的情况下，农民之间的合作既存在差序格局，也存在范围扩大化趋势，然而受国家政权在农村社区的扩张，农民之间基于文化认同而形成的合作被限定在一个空间窄小的世界中，基于社区成员公共利益的合作越来越少，农民合作退化为族群内部的合作，农民成为"原子化"的个人，农村呈现出碎片化（杜赞奇，1999）。

三 现代中国农民合作行为研究

改革开放后，中国农村社会取得了巨大经济成就，随之而来的社会问题也引起了社会学家、经济学家的广泛关注。中国农村社会范围内的生产经营组织方式是诱致性制度变迁和强制性制度变迁的结果（Lin，1992）。农村生产经营组织方式的变化引致农村社会资源配置的变化，这种资源要素配置结构的变化导致农村社会结构的变化，原有的以血缘、亲缘以及基于重复博弈而形成的声誉机制随着农村社会资源配置范围的变化而呈现出多向度的分化，以此为背景，立足于一定时空范围内的农民合作发生了哪些变化一直是广大社会学和人类学家关注的焦点。王铭铭（2004）采用案例的研究方法，以美法村和塘东村为个案，从制度经济学视角系统地考察农民互助合作体系的历史变迁，认为农民互助合作作为一种社区地方制度的存在和发展对农村经济的发展进步具有积极意义。曹锦清以河南农村为例，在进行了大量田野调查后得出了"农民善分不善合"、"农民合作难"的悲观结论。现有的有关农民合作研究的主题包括农民合作能力、农民合作类型、外部政治、政权因素与农民合作关系、农民合作的形成路径的政策性建议。

农民合作行为内生于复杂环境，是多个因素共同作用的结果。立足于不同时空范围内，人们似乎发现农民合作在不同的时空范畴内呈现出不同的图景，且这种图景在同一空间范围内，也会因不同的合作内容和环境而表现出不可预期性和高度的不确定性。针对这一现实，广大学者立足于农民的合作能力以及合作能力的引致因素，认为缺乏"共同体意识"以及建立在自发基础上的村落管理组织，传统的以私益性和临时性为特征的交往方式制约了以市场经济为基础的、平等协商的契约关系及契约性合作组织的生成，影响了农民的合作能力。贺雪峰（2004）认为农民合作能力与农村社会结构有关，农民合作能力在市场经济条件下逐渐弱化，维系传统农村社会合作机制的熟人社会正在逐渐演化为"半熟人社会"，"半熟人社会"的行动逻辑有别于"熟人社会"的行动逻辑，加之农民特有的公正观导致农村社会表现出"善分不善合"的组织形态，前者为组织力量，后者为文化力量，两者的共同作用导致了农民合作能力的损耗。Xu（2007）从利益至上主义的角度对农民合作能力，特别是发生在农村社区范围内，基于公共利益的合作行为的动态变化给予了解释，认为农民"善分不善合"的结论将农民合作行为进行了简单化处理，结论过于绝对化，事实上在广大农村社区，农民合作行为表现为合作与不合作的两端，居于合作端与非合作端之间，是以合作共生的利益为前提的，是合作利益取舍的结果。胡敏华（2007）则认为农民合作能力决定于合作的制度以及制度形成背景。

离开农民的合作类型来研究农民合作能力是空洞而乏力的。罗兴佐（2004）将农民的合作分为外生型合作和内生型合作两类，前者是农民作为特定场域内的行为主体，在外部压力的作用下而产生的一种在组织体系内的合作；后者是一种自愿合作，是自发性的。两种合作类型的演变规律是不同的，外生型合作的形成与乡村外部各种力量的介入密切相关，人民公社就是在外部强权作用下形成的一种典型的合作组织；而内生型合作又可以分为市场交易的合作和乡村规则的自治型合作两种亚类型，前者以利益为纽带，后者以乡村内部的宗族为基础。在一定社会范围内，农民合作、非合作与合作内容、合作场域内因素高度相关，且两者之间是交互作用的，这就导致乡村社会农民合作的多形态。在王铭铭的乡村故事中，美法村和塘东村的合作发生在家族之间和家族之外，发生在家族之间的合作更多地表现为一种互助，而发生在家族之外的合作更多地表现出公益事务，两者之间在合作内容、合作形式以及合作发生的地点等方面都有着严格的区分。以族群内亲属和婚姻而构建的乡村关系更容易演化形成互助的合作形态；公共事务的合作发生在地方庙宇和公共祠堂，地方庙宇和公共祠堂无形之中被赋予了一种"看不见"的社会规范性意义，促成了农民之间基于公共事务的合作。

农民合作对农村社会、经济的发展具有重要的时代意义。对现实生活中的农民合作状态的不同判断和不同结论必然会导致其建设和管理的不同的路径，这与不同学者对农民合作与不合作的归因有关。以农民作为小农为前提，并结合农村社会的结构，以血缘、亲缘和地缘基础上的农村关系结构为行动背景，农民之间的合作是一种内外有别的合作，是一种"差序格局"。受制于合作对象局限于熟人范围的约束，农村社会难以建立起以契约为主，与血缘、地缘之外的"陌生人"之间的合作（管爱华，2004；尹世杰，2007）。现代社会的本质是建立在平等基础上的契约社会，以契约为主的合作模式是现代社会对各类型行为主体的基本要求，以现有的农民合作形态为基础如何构建现代社会意义上的农民合作也是当前学者研究的主题。其构建思路与农民合作状态以及状态成因有关，总体思路是内源型的培育、外源型的培育和两者的综合三种途径。内源型培育集中在乡村社会的公共精神、文化体系和农民的合作能力培育上；外源型培育道路强调政府和市场的强制性介入（贺雪峰，2007；张鸣，2004；姚洋，2004）。

四　农民合作行为研究评述

人类社会的进步和发展是合作的结果。现有的研究成果对中国现实背景中的农民既合作又不合作的分离状况是缺乏解释力的，究其原因，一是在学术研究中，多数学者以农民合作为共性知识和默会知识，现有的研究视"农民合作"为不证自明的概念，并没有在一个清晰的定义范围内来讨论问题，概念本身的混乱导致了学者在貌似同一主题而实则在有着不同概念的内容体系中去探讨问题，缺乏学术融合性（邱梦华，2008）。受研究样本的影响，现有的研究对农民合作并未进行清晰的界定，是一种广义上的合作，对农民合作行为增强、弱化机制的判定更多的是基于逻辑推理，缺乏实证的、更为微观的研究。二是对农民合作类型和内容并没有进行认真的区分，缺少对农民合作现象背后的动机的深入分析。不难发现，在一个封闭的村庄范围内，不同场域的农民合作的动机有着本质上的差异，有的是基于精神层面，有的是基于物质层面，有的是基于眼前利益，有的是基于长远利益，存在着多种合作动机和背景因素，学者对不同的形态的差异性是视而不见的，做了"黑箱"化的技术处理。三是多数学者所认同的，发生在传统村庄范围的农户合作是仅限于血缘和地缘的合作，是一种小群体合作，有别于西方主流经济学、管理学研究视野下的团体合作。从组织动力学的角度看，小群体合作类型作为一种组织演化的结果，其动力源及作用机制是什么，仅从族群认同角度给予解释是否已经完备，都是现有的理论研究成果没有解决的问题。四是农民合作的形成涵盖了增强或弱化，呈现出动态性特征。这种动态性与合作发生的具体场景有关，也是行为主体互动作用的结果，既受行为主体的初始资源禀赋的影响，也受其在一个特定的场景中的位置影响，同时，它应是行为主体在合作与非合作行为互动过程的学习结果，在这一过程中主体要素、制度要素以及与特定的行为情境共同构成行为主体合作的社会情境因素。因此，立足于中国农村特定的转型时期，对农民合作行为的研究一是必须界定清楚农民合作的类型、目标、过程等基本概念；二是农民合作行为研究必须以其合作内容为基本出发点，不同的合作内容意味着基于理性计算的收益函数和成本函数的差异，必然会导致不同的合作类型出现；三是农民合作行为必须纳入到一定特定的社会情境中去研究，合作行为发生背景，即合作行为发生场域因素对合作行为演变应该作为农民合作行为研究的内容。

第二节 嵌入理论研究

一 理性行动理论的局限性

在经济学模型化策略（modeling strategies）中，人类的经济行为发生在一个信息完备、决策独立、交换自由的固定偏好的虚拟世界中，与现实世界有着天然的不适应性（Luhmann，1979；Weher，1985；Etzioni，1988）。在古典经济学和新古典经济学的行为理论中，目标是独立于行为过程本身的，在行为主体的行为过程中，行为主体如果不让其他行为主体的利益受损而进一步提高自己的效用就成为无解。显然地，基于单一自私动机驱动的经济决策行为对现实生活中的互惠行为缺乏解释力，由此可见，现实图景下的行为主体的决策行为是受复杂动机的混合驱动的。在标准的理性行动理论体系中，自私的行为主体不仅受单一的自私动机的驱动，而且在复杂的、不确定决策情境下，行为主体能够正确地理解手段—目的之间的关系，对构成复杂性、不确定性的各种因素之间的相关性和联系性、参数的变化都能够清晰地进行计算，显然地，理性行动理论苛刻的条件要求弱化了理论本身对现实生活中行为主体经济行为的多重均衡的解释力度。

针对标准化的理性行动理论对现实生活的解释力度不够和脱节问题，先后出现了修正和摒弃两种不同的学术进路，出现了有限理性、进化理论、系统化理论，这些理论实则是在寻找关于理性计算的更加精练的标准化模型。修正观点认为对理性行动模型的替代必须清晰告诉人们一个行为主体在复杂的经济情境中达成决策实际要做什么，相对于摒弃理论其更有意义和富有创新性（Storper and Salais，1997）。既然行为主体的最佳策略不能从现有的偏好和条件中推演出来，那么行动者在做决策时就依赖于其对情境的定义和认知。行动者对情境的定义构成了对复杂环境的可理解性，而且这些定义是建立在对物质条件、因果关系、相关他人未来行动等的判定基础上，而对复杂环境的定义和理解是一个社会化过程，相关情境参数的确定是以一般化的预期为基础，且一般化预期在行为主体之间是共性知识（Storper and Salais，1997）。Jens Beckert（2004）从实用主义角度出发，系统地分析了行为主体在不确定性情境中的经济行为。实际背景的知识在行为主体的行动与情境关系之间建立起某种关系，有着意向性，情境具有前反思性（Pre - Reflexive）的功能，有利于行动者构建起行为预期，建立在交互作用基础上的经验以及在经验基础上演化而成的惯例对行为主体的经济行动有着直接的作用。实用主义视野内的惯例解决了理性行动理论所需的计算负担过重的问题（Heiner，1983；Hodgson，1988），也就是基于交往经验而形成的行为规范在理性行为理论的决策行为研究中起到了替代性解释的作用。

二 嵌入理论

基于利益计算的合作行为是一种以经济行为为主的行为。经济行为是嵌入在社会关系之中的（Polanyi，1944）。在主流经济学的视野内，个体的行为是过去历程的记忆结果，是过去经验的内在化和社会化，对自我利益功利性的追求将会导致个体的原子化。如果在微观层面的社区范围还存在合作行为就必然会存在社会化的不足（Under - Socialized）和社会化过度（Over - Socialized）。行为主体与社会背景、外在规范之间的关系研究的集大成者是格拉诺维特。在《经济行为与社会结构：嵌入问题》一书中，格拉诺维特并未简单地否定社会化不足，也未否定社会化过度问题，他认为现实主体的行为既不能脱离社会背景，也不完全受制于社会限制和社会外在规范，行为主体追求自身多重目标的过程发生在具有一定属性的社会场域中，存在嵌入问题。从嵌入内容的类型上，嵌入可以分为关系嵌入（Relational Embeddedness）和结构嵌入（Structural Embeddedness）两个大类，在关系嵌入视野中，个体的经济行为嵌入于与他人互动所形成的关系网络之中，规则性期望、对相互赞同的渴求、互惠性原则都会进入到行为主体的经济决策与行为的收益函数中。

以关系嵌入个体行为主体之间的互动开始，必然会形成一定属性的社会结构，而这种结构的演变必然会受到宏观层面上的文化、价值因素的影响。两种不同形式（类型）嵌入网络，约束了人类社会经济活动中的机会主义，降低了交易成本，是社会正常运行的基础。从关系嵌入与结构嵌入的关系可以清晰看出：关系嵌入立足于微观层面，而结构嵌入更多地立足于中观层面。

Johannisson 和 Pasillas（2002）在格拉诺维特嵌入理论的基础上把社会嵌入分为实体嵌入（Substantive Embeddedness）和系统嵌入（Systemic Embeddedness）。实体嵌入观点认为单个行为主体的经济行为不仅局限于经济利益的计算，意识形态也决定着单个行为主体行为，意识形态在个体的经济行为决策中发挥着至关重要作用。系统嵌入观点认为单个行为主体总是居于整个社会网络中特定的位置，位置的差异将会影响到其对社会资源的获取，尤其是决策信息的获取，从而影响其行为决策。

近年来，嵌入理论受到社会学、人类学、经济地理学、空间经济学、商业网络研究的重视，广大学者沿着扩大嵌入理论的保护带和本义两条学术进路对嵌入理论进行了深化研究。Zukin 和 Dimaggio 将嵌入分为认知嵌入、文化嵌入、结构嵌入和政治嵌入，嵌入类型的细化扩大了研究的视野，深化了决策环境因素与行为决策的关系认识。将行为主体纳入不同的关系与行为的互动决策体系中是新经济社会学对行为主体行为研究的主要贡献，关系分析法和位置分析法是其采用的主要方法。针对在一定的社会结构中，一个行为主体在与他人的互动中处于何种位置更有利于自身的收益，Burt（1992）提出了结构洞（Structural Holes）的概念，行为主体的经济行为是不同嵌入影响的结果。结构洞与信息通路、先机、举荐以及控制等相应的企业家机会联系在一起（Ronald Burt, 1992），原有的思想意识、外部共享的价值观、制度框架、权利斗争对个体水平上的行为主体的经济行为具有重要作用（Uzzi, 1997），客观层面的经济、文化和社会结构及具体场域活动范围的组织变量都会对行为主体行为产生影响。

格拉诺维特（2005）将行为主体的行为放在一个经济活动与非经济活动交织的环境中，人们之间的社会活动是围绕着一个或多个经济、非经济中心展开的，经济活动与非经济活动相互交织在一起，非经济活动必然会影响经济活动成本和可用技术，社会网络、文化、政治和宗教就是经济的"社会嵌入"。Jessop（2001）将社会嵌入解构为人际嵌入、制度嵌入、社会秩序嵌入。不同学者对社会嵌入的类型研究就是基于社会建构主义哲学方法，其研究的重点是社会关系结构，不难看出其隐含的研究逻辑是社会关系结构的差异化必然会导致行为主体的行为差异化和社会福利的差异化，这种差异化既可能表现为社会福利的帕累托改进，也可能表现为集体的非理性。

三 嵌入理论的应用研究及趋势

行为主体是一个广义的概念。在现有的研究中，限于资料的可获性，更多的研究者将行为主体的范围界定在经济组织中，重点研究企业组织的行为，如企业的研发、采购、融资等活动效率与社会嵌入之间的关系，Andersson（2001，2002）以跨国公司为例系统地研究了跨国公司在嵌入东道国的企业和组织网络后的运行效率。目前有关嵌入的理论研究呈现出一种泛化的趋势，研究的主要领域集中在企业与企业之间的关系和绩效解释上（Halinen et al.，1998；Fletcher，2001；Hagedoorn，2006；Johannisson & Pasillas，2002）。立足于嵌入是经济行为和非经济行为之间的社会关系，经济行为扎根于社会结构的嵌入理论，嵌入主要涵盖了社会嵌入、网络嵌入、空间嵌入或地理嵌入（Hess，2004）。从嵌入理论的工具性意义出发，嵌入可以按不同的研究目的对其层次进行划分，根据时间和空间维度，嵌入可以分为时间嵌入和空间嵌入；根据嵌入的分析层次可以分为微观嵌入、中观嵌入和宏观嵌入或个体、二元关系和网络嵌入；根据操作维度，嵌入可以分为关系嵌入、位置嵌入和结构嵌入（黄中伟、王宇露，2007）。

在厘清嵌入类型的基础上，研究者对嵌入与经济行为之间的关系研究集中在关系嵌入对行为主体知识获取、治理效应和各种嵌入的互动机制上。以企业为例，关系的嵌入有利于企业获取隐性知识，从而提高企业的创新能力和获利水平（Uzzi，1997；Nahapiet & Ghoshal，1998；Dhanaraj，2003）；关系的嵌入意味着行为主体之间的关系结构和关系强度的变化，在强关系（Strong Tie）的结构中，关系的嵌入有利于行为主体之间的信任关系、行为规范、互惠意识和长期合作观念的形成，有利于共同解决问题的制度安排的演化生成，具有社会控制机制的作用和效果（Rowley，Behrens & Krackhardt，2000）。早期关于嵌入对行为主体的经济行为的作用效果研究给予了正面的肯定，根据关系嵌入观，强关系、弱关系都能促进绩效，这种绩效的产生是以上述的知识获取、治理效应和社会控制机制为基础的。以企业为行为主体研究样本，在企业创建初期，企业嵌入网络的身份特征明显，随着企业的发展，闭合的网络将会演化成为一种基于经济利益和激励的计算特性网络，是一种高度闭合的网络，这种网络属性决定了其可获资源的有限性和路径依赖性，不同的嵌入要素将会形成不同的组织结构和组织效率（Hite & Hesterly，2001）。

四　嵌入理论研究评述

嵌入理论是古典经济理论、新古典经济理论关于人的行为动机假设和人的行为表现解释的完善和补充，将文化、政治和历史等因素纳入行为主体的行为决策因素中，丰富了理性、有限理性假设，对现实中行为主体的行为具有更强的解释力。然而在一定的嵌入关系结构下，由于其结果的模糊（Uzzi，1996），阻碍了嵌入理论的可证伪假设和个人动机、集体秩序之间关系的确定（Williamson，1994）。然而在现实的环境中，一是同样的嵌入关系情境下的不同的行为主体的潜在利益却存在差异，现有的嵌入理论并未给予解释；二是现有的嵌入理论研究更多地集中于组织与组织间的关系，对组织内部的更为微观的行为主体之间的嵌入关系类型和不同嵌入类型的演化激励缺乏关注；三是立足于现实，在同一组织内部，不同的行为主体在嵌入的关系网络（结构）中所处的位置是不同的，这种位置上的差异在带给其时机、控制和推荐优势的基础上，是否会改变其行为模式以及不同行为模式与其位置的动态变化之间的内在关系是相互强化还是弱化以及相互强化、弱化的条件是什么都是现有嵌入理论并未给予解释的，是未来研究的方向。

第三节 公共产品供给行为研究

一 公共产品的内涵与范围

公共产品（Public Goods）是相对于私人产品（Private Goods）而言的，在消费过程中，公共产品具有消费的非排他性（Nonexclusive）和非竞争性（Noncompetitive）。公共产品的研究涉及三个重要的问题：一是如何用规范研究的方法来定义公共产品；二是怎样描述公共产品生产供给的资源筹集和生产供给的组织；三是公共产品筹资制度安排即税收体系设计的评价标准和评价方法。Paul Samuelson（1954）从效用的不可分割性、消费的非竞争性和受益的非排他性定义了纯粹公共品或劳务（Pure Public Goods），开创了公共产品研究时代。纯粹意义上的公共品在现实中并不普遍存在，现实中的物品更多的是介于纯公共品和私人物品之间的混合品（Mixed Goods）（James M. Buchanan，1965）。沿着公共产品消费过程中的非竞争性和非排他性，Buchanan 提出了具有有限的非竞争性和局部排他性的"俱乐部物品"（Club Goods）（J. M. Buchanan，1965）。植草益（Su Uekusa，1991）进一步从非竞争性和非排他性两个维度将公共产品细分为具有消费的非竞争性但不具有受益的非排他性的"市场性产品"（Market Goods）和具有受益的非排他性但不具有消费的非竞争性的"非竞争性产品"（Noncompetitive Goods）。西方经济学关于公共产品的定义是以政府职能、政府与市场边界、政府规模、市场失灵、外部性和政府失灵为理论基础，研究的主要问题是如何定义公共产品。

二 西方公共产品供给理论研究

西方学者对公共产品供给的理论研究建立在公共产品的定义上，

始于对公共产品与私人产品异同的探讨，两者之间差异性研究的目的是寻找兼顾效率和公平的公共产品供给模式。在经济理性的假设条件下，由于纯粹公共产品的市场供给会导致市场机制的失灵，政府提供纯公共产品更具有效率优势。而对于混合产品和中间公共产品，其具有正外部效应（external），私人可以得到较为充分的激励而提供混合物品（Musgrave, 1984）。中间公共产品是作为生产性的投入进入生产过程，其使用者是厂商而不是消费者，私人提供也是可能的（Oakland, 1987）。

在保罗·萨缪尔森提出的纯公共产品概念基础上，西方经济学对公共产品的最优提供条件展开了深入研究。由于公共产品具有等量消费、不可分割的特点，使个人成为既定的公共产品供给数量的接受者，个人需求曲线从技术上进行纵向加总就可以得到纯公共产品的社会需求曲线，纯公共产品的最优供给条件就是所有的纯公共产品消费者个人边际收益总和等于纯公共产品的边际成本。从福利经济学基本原理的角度分析，纯公共产品的最优供给条件就可以表述为边际替代率之和等于边际转换率（Stiglitz, 1988；Rosen, 1992），个人价格之和等于边际成本（Musgrave, 1992），边际替代率之和等于边际成本（Cowen, Samuelson, 1954）；个人的边际价值之和等于边际成本，形成了西方公共产品的最优供给理论和均衡理论，涵盖供给机制和需求机制两部分内容。供给机制涉及提供多少、提供给谁、怎样融资、如何生产、定价与提供等一系列问题，需求机制涉及偏好表达，其中以公共产品过程中的"搭便车"行为最为引人注目。

只要公共产品的提供能够给每个社会成员带来利益，那么自愿提供公共产品就会存在达成合作解的基础（Buchanan, 1968）。大量西方经济学家认识到如果不研究公共产品的私人提供机制，就认为公共产品的公共提供机制是合意的，缺乏充分条件。于是围绕着公共品的私人提供机制，不同的学者从不同前提假设出发，采用不同的分析方法对其进行了深入的研究。研究结论只是反映了事实，揭示了在公共产品供给过程中存在的现象，但并未找到解决公共产品私人供给悲观现象的有效方法和根本的治理措施（Cornes & Sandler，1986；Goldin，1977；Brubaker，1975）。

公共产品的私人提供存在不能充分利用帕累托改善的可能性，逻辑上，完全放任个人自行其是并非最优，那么公共产品就应该公共提供，这涉及公共产品供给的决策原则。基于这一前提，公共产品供给过程中的决策原则就显得尤为重要。维克塞尔假设个人同质，从成本与收益的构成深入地探讨了个人接受强制的可能性和条件。林达尔（Lindahl，1919）在维克塞尔"全体一致同意原则"的基础上，提出了"林达尔均衡"，发展了全体一致同意原则。约翰森在林达尔均衡的基础上，从空间上引入了个人无差异曲线，发现林达尔均衡存在参与者个人会真实表达自己个人真实偏好的前提假设，不能解决激励相容问题。由于全体一致同意的高成本问题，少数服从多数的表决机制在公共产品供给中的作用引起了人们的关注。Bowen（1943）分析了单峰偏好下公共产品最优供给的条件，发现最终起决定作用的是中间投票人。Inman（1987）、Boadway 和 Wildasin（1984）、斯蒂格利茨（Stiglitz，1988）分析了多数表决机制的效率问题，研究结果表明，多数表决机制的结果可能不是帕累托最优。

公共产品供给过程中的需求表达机制是公共产品供给机制设计的另一重要话题。1951年，阿罗在其《社会选择与个人价值》一书中提出了"在满足一系列合理的条件下，要想确定无疑的、任由已知的各种偏好顺序推导出统一的社会顺序一般是不可能的"的"阿罗不可能定理"。面对阿罗不可能定理，一些学者放松阿罗不可能定理的外部假设条件，以期摆脱阿罗不可能定理的理论和现实困境（Samuelson，1967）。吉布尔德（Gibbard，1973）和塞特思威特（Satterthwaite，1975）证明考虑三个或更多备选方案的民主过程总是易被策略性行为操纵出现组织无效率的现象。Inman 由阿罗不可能定理、吉布尔德和塞特思威特定理推出：人们不得不在不完善中抉择。图洛克（1967）认为阿罗不可能定理在实际中并不重要。马林沃德（Malinvaud）、德雷泽（Dreze）和博辛（Poussin）提出通过善意的独裁者有效配置公共产品的机制。维克里（Vickrey，1961）、克拉克（Clarke，1971，1972）、格罗夫斯（Groves，1973，1977）、莱迪雅德（Ledyard，1977）认为通过税制设计，使人陷入要么过高或过低表述自己对公共产品的需求、要么损害自己的利益的两难选择中，从而促使个人真实地表述自己的偏好，并以个人真实偏好的表达来达到公共产品有效率的联合供给。由此可见，公共产品有效率供给的难点在于个人偏好的表达上，而要引导人们真实地表达自己的偏好与机制设计有关，采用什么样的方法来验证偏好的真实性表达就成为公共产品供给行为研究的焦点。

三　公共产品供给的实验经济学研究

随着实验经济学的兴起和广泛应用，广大学者围绕着公共产品供给难题进行了大量的实验研究，这些研究从公共产品供给过程中的行为主体的理性假设出发，在验证自利假设是否与现实相符的基础上，进一步对公共产品供给合作行为进行研究，期望提高理论对行为主体在公共产品供给过程中的合作行为与非合作行为的解释力度。有关公共产品供给主体行为的研究集中在"自愿"和"搭便车"行为的前提条件的验证上。一直以来，人类就存在自愿提供公共产品的行为，即利他行为（Altruism），并非完全符合自利假设，Becker（1974）用利他主义解释了慈善捐助和公共产品的自愿供给行为。在 Olson（1966）看来，一个人在组织中所获的权力和荣誉可能会带给其选择性激励（Selection Incentive），从而产生公共产品的供给行为。在一个特定的互动框架内，相对公平和绝对公平都会发生作用，导致其增加或减少公共产品的供给（Falk，Fehr & Fischbacher，2005）。同时人们也会利用报复，如采用最后通牒的方式对公共产品供给过程中不合作者进行惩罚，虽然对不合作者采取报复将给自己带来成本而给他人带来收益，是一种利他惩罚，但这种惩罚的存在有利于促成群体之间公共产品供给过程中的合作行为产生（Ho. Camerer & Weighlet，1998）。

利他性惩罚动机不仅广泛存在于熟人社会之中，而且在陌生人环境中也会发生。在陌生人的世界中，声誉理论、进化理论、偏袒动机、信号理论、互惠理论都难以对发生在陌生群体或个人之间的合作行为给予精确的解释，唯一的解释就是利他惩罚（Fehr & Gachter，2003；Fehr & Rockenbach，2004）。

公共产品供给过程中的"搭便车"现象经维克塞尔提出之后，一直以来面临着两个技术上的难题：一是公共产品最优供给数量决策依据是什么；二是解决和改善"搭便车"行为的治理手段的现实参照物是什么。近年来，经济学家通过环境的设定和控制，对"虽然选择合作策略对受试者自身利益具有极大的诱惑，选择背叛策略却是其占优策略"的理论预设进行了不同情境下的检验。早期的实验经济学研究的结论是不一致的，即被试者并非完全选择背叛策略。在一次即止的实验（One-Shot Game）中，Bohn（1972）的电视节目实验、Sweeney（1973）的电灯实验都证明了公共产品是可以通过自愿而形成的，但被试的数量规模与公共产品的供给数量呈负相关（Marwell & Ames，1979，1980，1981）。

在重复实验（Repeated-Game）中，被试者将获得决策机制运行的经验，这对其后续决策将会产生影响。在重复实验中，公共产品供给不足、"搭便车"现象是存在的，公共产品的贡献数量随着时间的推移而逐渐减少，从而否定了一次即止实验中的"搭便车"现象不存在的结论（McCue & Plott，1985）。重复实验中的"搭便车"行为的产生原因，与决策机制是否有关一直以来也是实验经济学研究的重点。在一般机制（即每一个被试者的实际支付额等于其愿意支付金额）的作用下，"搭便车"现象是存在的，而在决策机制下，林达尔均衡会出现（Groves and Ledyard，1977）。Banks、Plott和Porter（1988）通过实验方法比较研究了在直接贡献机制和拍卖机制作用下公共产品的供给数量。就供给数量的结果而言，拍卖机制比直接贡献机制更为有效，全体一致同意规则的效率会下降，"搭便车"行为会产生。

四 公共产品供给主体属性研究

在公共经济学的研究中，行为主体虽有异质性，但这种差异性在实验经济学中被界定在经济资源的初始禀赋上，不同的决策机制带给被试者的差异是其获取信息和经验的多少,合作行为的激励也局限于经济报酬,被试者在场外所积累的价值观念以及由经济交易合作而产生的关联效应被排斥、限定在整个实验之外,与社会现实不符,导致其结论难以解释社会中广泛存在的自愿供给行为。

西方公共产品理论体系的构建是以公共品的基本特性为逻辑起点,系统地研究了公共产品的私人提供和公共提供两套不同的供给机制,研究的重点是公共产品的效率问题和整个社会福利改善,是在清楚了解社会对公共产品的真实需求,包括需求内容和需求数量后来设计税制,筹集资金,从这一层面看,公共产品的供给与税制结构和经济发展水平有着密切的关系,经济发展水平理所当然地应该被纳入公共产品供给合作行为的系统研究中,然而西方公共产品的理论研究却忽视了税收制度和经济发展水平这两个重要的影响因素。

公共产品的供给与主体的差异性、供给行为的光热效应（Warmglow）有关（Andreonio, 1990）,信息沟通主体的同情心、道德水平与公共产品的自愿供给密切相关,单纯从经济学的自利假设的角度来解释公共产品的自愿供给现象会给人造成假象,忽略了爱心、同情心等个人情感性要素在公共产品自愿供给中的作用,使问题过于简单化和不足,从而弱化了理论对现实生活中个人在公共产品供给过程中的合作行为的解释力度（Comes & Sandler, 2004）。Sugden（1984）研究发现,个人的道德准则,也就是群体压力将会导致在一个相对固定的社区范围内,个人的公共产品供给数量和其他人大致相当。在一个社区范围内,当公共产品的供给决定于个人数量的总和时,个体的经济富裕状况将会直接影响到社区性公共产品的供给,具有特定偏好（particular taste type）的经济状况较好者的行为表现对社区性公共产品的供给数量水平和供给状况具有决定性作用,将会导致不同结果社区性公共产品的供给,社区性公共产品的供给数量决定于"精英"的行为（Andreoni, 1988）。

在完备信息条件下,以自愿贡献机制（Voluntary Contributions Mechanism, VCM）为条件,"搭便车"行为虽然存在（Ledyard,

1995),但通过加强信息沟通等组织措施,会促进社区范围公共产品的供给数量的增加(Walken & Garder,1992)。在不完美的社区治理结构中,行为主体之间的信息交流也发挥着作用,相互交流成为高水平供给公共产品的显著性解释变量(Timothy N. Cason,Feisal U. Khan,1999)。相对于大集团而言,虽然因成本过高将会限制相互之间的交流,影响交流的深度,但相互之间的共同承诺以及可置信的承诺对公共产品的供给有着深远的影响。Chen 和 Komorita(1994)将发誓作为大集团的一种信息交流和确认方式,分别研究了无约束条件、最小约束发誓条件、控制性发誓条件、平均约束发誓条件、约束发誓条件下的群体自愿供给公共产品的数量变化规律。实验结果表明,要求发誓者的贡献额至少与所在组中贡献最低数目的成员发誓贡献值相等,最小约束发誓条件下的公共产品供给量显著高于誓言无约束力和无须发誓的控制性发誓条件的供给量,这说明更强的组织身份识别和关键性感觉将会使被试者摆脱恐惧(fear,被别人"搭便车")和贪婪(greed,搭别人"便车")的行动困境,从而促成成员之间的合作。在后续的研究中,Xiao – Ping Chen(1996)以 256 名本科生作为被测对象,进一步发现与组织环境有关因素如发誓、组织身份识别以及关键性感觉的相互作用可以提高合作水平的组织现象。由此可见,在组织内部,组织成员联合提供公共产品会受到广义上的组织因素的影响,这些因素包括组织成员的价值观、组织内的相关制度安排以及运行机制、组织成员对他人的行为感知、信息获取等,是组织因素与成员个体因素共同作用的结果,群体中他人行为将会映射到行为主体的行为决策体系中。

五 国内农村公共产品供给主体行为研究现状

国内学者对农村公共产品的供给研究从农村公共产品现状出发,以农村公共产品供给不足和结构不合理两种基本事实为基本研究预设,围绕着其现状展开了原因的追踪分析并基于不同的原因而寻求相应的治理措施,是一种典型的"现状—原因—对策"式研究。多数学者以公平和效率为基本标准,认为无论是从效率角度或是公平视角加大政府对农村公共产品的供给都存在帕累托改进，强调政府在农村公共产品供给责任，倡导建立以政府为主的单一中心农村公共产品供给模式。

农村公共产品与农业生产、农村社会稳定发展和农民生活条件改善关系密切，具有效用不可分性（The Utility of Inseparability）、消费非排他性（Non - Excludability）与非竞争性（Non - Rivalry），包括农村生产、生活公共设施和教育、医疗、卫生、安全等公共服务，服务于农业生产和农村生活（叶兴庆，1997；黄志冲，2000；陶勇，2001；熊巍、吴士健、侯江红，2002；林万龙、李秉龙、徐小清，2003；岳军、叶文辉、刘鸿渊、汪前元，2004）。

农村公共产品供给不足的原因主要是宏观层面上的制度安排不合理，与政府对农村私人产品和公共产品的认识错位有关（迟福林、张曙光，2004）。针对农村公共产品的非均衡化发展状况，广大学者多基于公平原则，一致认为政府应加大财政对农村公共产品的投入，其基本的理由可以归纳为经济发展和社会发展的需要。广大学者将农村、农业生产作为整个国家重要的生产部门，认为加大政府对农村的公共产品投入的挤出效应会拉动农村市场需求，从而较好地解决国内市场需求不足的问题。加大财政对农村公共产品的投入将会改善农业生产条件，提高农业部门的要素生产率，增加粮食产量，扩大农副产品的供给，从而较好地解决粮食安全问题。沿着这一学术进路，国内学者以经济增长理论为基础，建立计量经济模型，采用宏观统计数据和截面数据对政府加大农村财政投入的经济增长效应进行了验证。从社会发展需要的角度看，应将农村社会与城市社会作为和谐发展的整体，更多地阐述城乡差距的消解是和谐社会建设的题中之义，而城乡公共产品供给的均等化是城乡差距消解的主要措施，以城乡公共产品和服务均等化为目标就应该加大财政对农村公共产品的供给。微观层面的有关农村公共产品的供给研究在农村公共产品分类的基础上，以农村公共产品的某一类型，如农田水利设施、乡村公路为具体实例，系统地研究农民作为供给主体，其行为与其个人、家庭特征之间的关系，以对微观层面的公共产品供给行为的发生机制进行演绎推理，这些研究成果极大地丰富了政府宏观决策的政策工具箱。

六 公共产品供给主体行为研究评述

公共产品的提供和公共资源治理是公共选择理论的重要研究内容，其供给效率和治理绩效是建立在"制度—行为—绩效"的分析框架内的。农村公共产品有效率的供给是建立在对农村公共产品分类基础之上的。现有的研究一是将不同类型的农村公共产品放在一个笼统、界限模糊的概念框架内，来探讨其供给问题必然会导致结论的模糊性和相应对策的不可操作性。二是以现实状况作为问题研究的基本出发点去寻求解决对策，缺乏对现状形成过程的历史关注，尤其是微观层面的个体行为与相关环境的交互影响的作用机理并未得到应有的重视，致使相应的机制设计成为"无水之源"，弱化了研究结论对现实的解释力度和指导作用。三是将农民作为农村社区性公共产品供给主体，其主体作用和合作行为并未受到应有的重视为前提，存在着经验主义倾向。四是在研究方法上，规范性研究所得到的结论缺乏实证的检验，对叙述性分析方法、案例及实证研究重视不够。应在对农村公共产品进行分类的基础上，将农村社区性公共产品供给合作行为纳入一个特定的时间维度和特定的社会环境中，去研究合作行为产生的条件、演化规律，从微观层面上认识清楚其合作行为动机将成为社区性公共产品供给的研究方向。

第四节 结 论

总体上，农村公共产品供给与农村经济社会的发展密切相关，社会主义新农村建设"二十字"目标的实现过程也是农村公共产品供给水平提高和结构优化的过程。在农村公共产品总体概念内，它包括了纯公共产品、准公共产品和社区性公共产品。农村社区性公共产品是以农民、农户家庭作为农村社区性公共产品供给主体，发生在一个立体的村庄范围内，其本质是与主体属性和环境属性密切相关的主体之间就其供给内容、如何提供进行协调决策的合作行为。现有的理论研究结果对现实的农村社区性公共产品供给状况和农民的主体作用明显缺乏解释力，究其原因，一是并没有将农村社区性公共产品的供给以及供给过程中的主体合作行为作为一个与其他类型公共产品供给合作行为有着差异性的研究对象给予更多的研究；二是对研究问题本质性的掌握不够，现有的研究以农村社区性公共产品供给不足为基本理论，并以此为研究前提，以经济人的自利行为去解释农村社区性公共产品供给不足，忽略了农村社会惯例、习俗对个体合作行为的影响，难窥全豹。在现实的农村社会活动中的合作行为不仅存在合作主体的差异，而且合作内容、合作环境也有所不同，是经济因素与非经济因素共同作用的结果。因此，有价值的研究的学术进路是建立在对合作场域、合作内容和合作主体三者进行清楚界定基础上的，对三者的互动关系认识是农村社区性公共产品合作行为研究的内容。

第三章　社会主义新农村建设的内容和目标实现研究

党的十六届五中全会做出了加快社会主义新农村建设的重大决定，提出了社会主义新农村建设目标和总体发展战略。社会主义新农村建设是以我国农村人口基数大、城市化进程滞后于工业化进程、农业在我国的基础性地位为基本背景，肩负着缩小城乡差距，促进整个国家经济、社会协调发展的历史重任。总体上，建设社会主义新农村是破解城乡"二元结构"，统筹城乡发展，形成"以工促农、以城带乡"的"工业反哺农业、城市反哺农村"的良性互动格局的基本途径和方法。社会主义新农村建设的"二十字"目标涵盖了农业生产、农民收入、农村社会生活等与"三农"相关的问题，社会主义新农村建设的模式选择决定于其行为主体对社会主义新农村建设目标属性的基本认识。总体上，社会主义新农村建设目标的实现不仅依赖于外源型资源与内源型资源的合理、优化配置，而且决定于对社会主义新农村建设目标的质性研究，即社会主义新农村建设内涵研究。

第一节　社会主义新农村建设的内容、原则、目标

开展社会主义新农村建设，是新的历史时期为贯彻落实科学发展观、从全面建成小康社会的全局角度出发而做出的重大战略决策，是我国现代化进程中的重大历史性事件，承担着中国现代化的

历史重任。陈锡文（2008）指出：社会主义新农村建设是一个完整的、系统的工程，在社会主义新农村建设过程中，不是只强调农村某一方面的建设。党的十六届五中全会提出社会主义新农村建设总的要求是"生产发展、生活宽裕、乡风文明、村容整洁、管理民主"。这二十字方针概括了社会主义新农村的整体建设内容，涉及农村经济、农民收入、生活质量、农村面貌、农民素质、农村管理、民主政治等多个方面，包括经济、政治、文化、社会和农村基层党组织建设五个方面的内容。

陈锡文特别指出：在推进社会主义新农村的建设中应注意五个重要原则。一是要坚持以经济建设为中心。如果把社会主义新农村建设仅仅理解为盖房子、改变农村村容村貌等，在没有经济实力作基础的前提下，社会主义新农村建设可能会加重农民的负担，甚至可能加重负债；如果没有经济基础，即使开展建设也维持不了多久，所以要以经济建设为中心，在经济发展、农民收入提高的基础上，才能改变农村的面貌，才能持之以恒地建设下去。二是必须坚持农村的基本经营制度不变。宪法规定农村实行以家庭经营承包为基础、统分结合的经营体制，不应把新农村建设错误地理解为不进行家庭经营，新农村建设还是要建立在基本的经营制度之上。三是要以人为本，从农民最希望、最迫切要求解决的那些生产、生活中的现实问题入手。农村和城市相比，落后的方面很多，比如道路不通、水电不通、农村教育卫生条件差等，不同的地区落后的方面各有不同，要从农民的需求出发，有针对性地进行解决。四是从实际出发，制定科学的规划。规划要统一制定，任务要一项一项地落实，工作要逐步推进，而且要坚持从当地的实际出发，不能盲目地照搬照用别的地方经验。五是要坚持动员社会各方面的力量。首先要动员农民，调动农民的积极性，依靠他们自己的劳动推进社会主义新农村建设。随着我国财政实力的增强，国家也要给予农民财政支持和帮助。其次，整个社会，特别是城市各个方面，包括企业、普通居民，如果有可能，也要动员他们力所能及地帮助农村发展做出一些贡献。

在新农村建设工作推进过程中,必须做到"五要五不要"。第一,要追求实效,不要搞形式主义。中国过去在基层和社会各个方面形成了一些不太好的做法,往往一件大的事情提出来之后,有一些地方追求表面的变化而不追求实效。对于社会主义新农村建设,一定要追求实效,而不是追求形式主义。第二,要从自己的实际承受能力出发,不要盲目攀比。一些典型的农村其基础设施、相关服务非常齐全,甚至比城市建设得都好,这确实是当地农民长期艰苦奋斗的结果,但如果每个农村都去效仿,劳民伤财太不现实。第三,要突出特色,不要强求一律。要体现农村特色,让农民生产生活更方便;要突出当地文化内涵,保持民族特色。第四,要和农民进行充分协商,不要擅作主张。在建设的过程中,当地政府应当针对农村实际现状,在与农民进行民主协商的基础上,综合制定具体建设方案,而不能靠强迫命令的办法。第五,要引导扶持,不要包办代替。有些地方政府或当地企业实力较强,愿意出资建设新农村,这固然好,但在新农村建设过程中还有一个重要任务,就是培育新型农民,要在农村建设中提高农民素质,这就不能包办代替,而是要引导扶持。

"生产发展、生活宽裕、乡风文明、村容整洁、管理民主"是社会主义新农村建设的五大目标,也隐含了社会主义新农村建设的内容。在推进新农村建设的过程中,要统筹城乡经济社会协调发展,需要从五个方面来考虑:(1)作为政府投入来说,要按照"工业反哺农业、城市支持农村"的方针,建立政府对农业、农村增加投入的长效机制,无论是财政支出还是国家固定资产的投资,以及各个金融机构贷款发放的投向,都应该适当倾斜和逐步增加,形成城市工业部门支持农村经济、社会发展的长效机制。(2)党和政府所有的工作部门都要明确自身在新农村建设中的责任和任务,相互协调形成合力,共同推动社会主义新农村建设。(3)形成一种激励机制,调动农民积极性并发挥其主体作用,让他们为建设自己美好家园而辛勤劳动。(4)形成一个引导全社会广泛参与新农村建设的参与机制。(5)新农村建设的最终目标就是建立逐步改变城乡二元结构的经济和社会管理体制。

第二节 社会主义新农村建设目标的公共属性阐释

一 社会主义新农村建设目标认识的理论基础

公共产品是经济理论研究的热点问题之一。公共产品的私人消费不会导致他人对该物品消费的减少,公共产品消费过程中的非竞争性和非排他性将会导致公共产品的市场供给的激励不足,从而出现"公地悲剧、囚徒困境与集体行动悖论"。公共产品一定具有公共属性,不同的公共属性意味着不同的成本、收益及不同的配比关系和不同的公共产品供给模式。目前,有关物品的分类已经从早期的纯公共物品、私人产品的二分法发展到将物品分为私益物品、收费产品、公共池塘资源和公益物品四大类。然而在制度经济学看来,政府提供的有关公共或集体利益的制度在实施过程中难以从技术上将没有购买任何公共或集体物品的个人排除在消费之外,这也是"公共产品"的另一种类型,从而在外延上拓展了公共产品的研究范围。理论工作者对物品的分类研究是基于对资源配置效率的追求,不同属性的物品的有效率配置方式是不同的,具有公共属性的政府提供相对于私人提供更有效率是公共产品理论的基本结论。

二 生产发展的公共属性分析

"生产发展"是社会主义新农村建设的首要目标,是其他目标实现的基础。一方面生产发展隐含了农业部门效率的提高和农业生产组织方式的转变,是以整个农业部门的劳动产出增加为现实表现。生产发展目标的实现是以我国农业生产的基础设施在现有的水平上的提高为基本前提条件的,而农业生产条件改善的结果是农业生产的抗自然灾害能力的增强,农业生产内在风险的降低,粮食的稳产、高产,事关国家层面的粮食安全。目前,我国正处于工业化、城市化的中期，大量农村剩余劳动力由农业部门向非农部门转移是经济社会发展的历史必然规律。理论上，农村剩余劳动力由农业部门向非农部门转移有利于农业生产部门劳动生产率的提高，从而缩小农业部门与非农部门劳动效率的差距，促进整个社会经济的增长。中国农业人口基数大的具体国情决定了农村剩余劳动力向非农部门转移的过程是漫长的，存在着与发展经济学增长理论所不同的条件假设，存在着转移的刚性约束条件，那就是农村剩余劳动力成功实现转移后，他们从生产者、消费者的双重身份转变为纯粹意义上的消费者后，农业部门是否能够为他们提供足够的粮食供给保证，因此，从这一层面上分析，粮食生产与粮食安全已经从农业部门的产品问题转化为一个社会性产品，它的供给保证关系着整个国家的城市化进程，具有公共属性。如果粮食产量的增加与稳定供给是农业生产发展的必然结果，那么农业生产发展的社会主义新农村建设的首要目标就是一个收益范围明确的全国性的公共产品。与此同时，"生产发展"将会相应地增加农业部门的从业人员的收入，农业部门人员收入的增加不仅可以缩小城乡居民收入的差距，而且将会产生新的市场需求，形成新的对工业部门生产的产品需求和消费能力，从而扩大工业部门产品和第三产业服务的消费市场，农业生产发展的最终结果将会外溢到工业部门和服务部门，为第二、第三产业的发展提供市场支撑，促进城乡之间的要素流动和整个社会经济的持续增长。

三 生活宽裕的公共属性分析

"生活宽裕"是一个总体目标性指标和状态描述，可以理解为农民收入与支出之间的关系，它表现在农民的支付能力和支出结构上。如果将整个农村居民作为一个整体考虑，不考虑地区和农村居民个体之间的差异，"生活宽裕"就涉及两个问题，一是如何增加农民收入的问题，二是如何降低农民的负担问题。虽然就上述两个问题可以提出许多解决方案，理论上农业收入的增加与负担的降低是多种因素共同作用的结果，须将农业生产内在的弱质性与具体的个人人力资本纳入到其分析框架内，但从制度层面上看，如何建立一种合理的社会财富分配机制，让农民能够均等地分享到经济、社会发展的成果应该是社会主义新农村建设中"生活宽裕"目标首先正视的问题。目前，随着我国城市化、工业化进程的加快，快速城市化所带来的一系列经济、社会问题正在凸显，这些问题的出现与和谐社会的构建这一社会主旋律格格不入，制约和阻碍着整个国家经济社会的健康发展，理论上这些问题的妥善解决既需要整个国家经济保持一定水平的增长速度，也需要从国家层面重新构建起一种良好的关系结构，保持社会的稳定。既有的以投资和出口为主导的经济增长模式正面临着世界经济不景气的影响和制约，如何启动国内市场，尤其是农村市场，使其成为我国经济增长的重要源泉已经成为整个国家在新的历史条件下必须思考的一个问题。农村市场的启动与农民的收入、支出及相应的制度安排密切相关，涉及城乡关系的调整。表面上，生活宽裕是一种结果状态，然而其实现过程以及实现过程中相应的政策措施等带来的社会福利增加的受益主体局限在个体层面的农民身上，意味着农民的收入有了大幅度的增加，而相应的社会负担也大幅度减少，更重要的是反映在农民对未来的预期上，生活宽裕的本质性结果将会从具体个人层面外溢到整个社会，生活宽裕的社会主义新农村目标的实现必然会带来整个社会收入分配制度安排的合理化、城乡要素流动效率的提高和社会公共服务的均等化，其最终结果是城乡关系结构的良性发展。生活宽裕意味着城乡之间、农业部门与非农部门之间因劳动效率和收入差距而产生的对农村优质资源的吸附作用将会降低，农村社会能够保持其既有的运行规律，呈现出其自身的和谐图景，成为宜居的生活场域，从而减轻大量农村剩余劳动力快速涌入城市而导致的"城市病"，为城市治理其快速发展而带来的后患赢得时间层次的战略机会。由此可见，生活宽裕的结果不仅反映在农村社区范畴内，而且事关国家的经济转型、城乡关系结构的调整，与国家利益相关，尤其是合理的分配制度的安排对整个经济社会的发展的效应是长期的，具有公共性。

四 乡风文明的公共属性分析

"乡风文明"主要是指农民群众的思想、文化、道德水平不断提高,崇尚文明、科学,社会风气健康向上,教育、文化、卫生、体育等事业发展逐步适应农民需求的一种文化形态。文化来自社会实践,隐含着许多内在制度、习俗和习惯,难以清晰阐述,也难以孤立地传递给不属于该文化的人们。乡风是以传统农业文化为基础,是人们在长期的农业劳动生产、生活过程中所形成的乡村文化,有别于城市文化。乡风文明强调人与自然的和谐相处,其外在的表现是人与自然、人与人之间的关系结构,内含于人们的劳动生产、生活的各个方面。中国具有灿烂的农业文明,中国的农业文明"无疑是最古老、最具影响力,也是最丰富多彩的"。乡风是我国文化体系的重要组成部分。经济意义上的文化由价值和完善的制度体系构成,具有相同的核心价值观的文化在人们的日常交往中,可以极大地降低人与人之间交往的风险和成本。具有地域特色和基于农业生产而建立起来的乡村文化,在整个农村社会的建构和良性运转过程中发挥了巨大的作用,然而受农村社会结构变迁的影响,原有的建立在互惠机制上的中国传统的农业文明正受到前所未有的挑战,道德失范、价值体系瓦解、邻里关系紧张、家庭内部矛盾复杂化等与乡风文明大相径庭的愚昧、落后文化在农村地区仍然存在,严重地影响着农村社会的健康发展。显然,乡风文明作为社会主义新农村建设的目标和内容,其实现过程意味着通过有意识的教育,在广大的农村村民之间形成具有高度一致的道德体系和价值观,以一致的道德标准和价值观作为人们行为决策的背景知识,将会大大地降低人们决策前的信息收集成本以及事后对违约行为的防范处罚成本,两者可以理解为制度经济学的社会交易成本。一方面在一个具体的村落组织中,较低的社会交易成本将会带来其总体的社会福利的增加,受益的主体具有公共性。另一方面如果将农村社会作为整个国家的一部分,那么乡风文明就可以理解为国家层面的社会资本,乡风文明建设的结果不仅可以改善农村内部村民与村民之间的交易成本,减少人们交互行为中的摩擦,促进更深、更细的农村社会内部的分工,而且可以改变农村与城市之间的交易和分工环境,降低城乡之间的交易成本,因此,乡风文明建设的公益属性是构建一套完整的道德体系和价值体系,其带来的收益不仅限于农村社会内部,也涵盖了城市社区,其外溢性兼具国家层面和社会层面,是一种混合性的公共产品。

五 村容整洁的公共属性分析

"村容整洁"表现为村庄布局合理、基础设施完善、服务设施齐全、生态环境良好、实现村庄布局优化、道路硬化、路灯亮化、饮水净化、庭院美化、环境绿化等人居环境方面。村容整洁是社会主义新农村的外显状态和有效载体。从村容整洁的内涵分析,不难看出,村容整洁作为社会主义新农村建设的一项重要内容,其着重点是农业生产、农民生活环境的改变,与生产发展、生活宽裕、乡村文明、管理民主的目标内容有着密切关系。村容整洁意味着农村"路难行、水难饮、环境脏乱差"的状况将得到进一步的改善,一个具体村落村容村貌的改善带来的收益涵盖了精神层面和物质层面的效用。精神层面效用的受益范围是具体的,受益主体范围清晰,而物质层面的受益则兼具私益性和公共性。村容整洁意味着农村的生态环境建设将会取得更大的进步,其生态环境将会得到进一步的改善,农业生产对生态环境的影响控制在有限的范围内,农村环境的变化必然会提高其环境的承载能力,且因环境改善而带来的环境质量的提高不仅限于农村社区,也会覆盖城市。同时,环境具有人的行为塑造功能,以村容整洁为环境条件成长起来的农村居民,其文明程度会得到相应的提高,而农村居民文明程度的提高带来的社会收益不仅限于农民个体本身,也涵盖了其用人单位和整个社会,具有间接的公共属性。

六 管理民主的公共属性分析

"管理民主"是社会主义新农村建设的政治保证和制度保证,是社会主义民主建设和法制建设的重要内容。巩固社会主义制度,发展社会主义社会生产力,发扬社会主义民主,调动广大人民的积极性是我国政治体制改革的主要目标。中国未来的民主政治改革涉及面广，牵一发而动全身，既不能一蹴而就，也不能裹足不前，采用何种改革方式需要高超的政治智慧，这种改革和民主建设必须在原有的基础上有新的突破，形成一种新的增长，是对存量的增加。中央提出"管理民主"要求的实质就是要通过农民参与村务管理和新农村建设的实践，建立起以农民需求为导向的农村公共产品的决策、投资和利益诉求机制，以保证农村公共产品的投资效率，从而缩小城乡之间在基础设施、公共服务方面的差距，确保农民作为一个群体能够分享现代化的文明成果。社会主义新农村建设中的管理民主是村民自治的深化，是一种典型的基层民主建设和社区民主建设，它涉及社区民主建设的价值理念、社区民主建设的运行机制、管理体制等内容，其本身是一个探索实践过程，在这一过程中，它意味着国家与乡村之间的关系结构和内容的变化，是国家向乡村社会让渡权力的过程，在这一让渡过程中，它涉及国家将什么样的权力让渡给乡村社会，以怎样的方式让渡，乡村社会作为国家权力的承接方，它需要什么样的能力条件，现实是否具备承接能力和相应的组织架构，如果能力不够应该以什么样的方式来建设与让渡权力相一致的运行保障机制等问题。显然，不同的经济发展水平、不同的地域文化和传统习俗都将会形成不同的乡村民主管理模式，而不同的问题类型客观上要求要不断地创新和实践，建立起与特定历史、社会、文化要求一致的稳定政治体系，这必然会产生许多基于不同的乡村经济、社会结构的经验和教训，无论是成功经验还是失败教训，都会给中国的民主建设，特别是公民社会的管理积累经验和提供借鉴。基于特定的农村社区的管理民主建设是整个国家基层民主建设和法制国家建设的重要组成部分，建立在村落范围内的管理民主的乡村政治体制改革具有天然的社会成本优势，受实践范围的有限性约束，其实践过程和影响程度是可控的，其成功经验将会带给整个社会具有可推广性的实践案例，受益主体是整个国家，失败所带来的社会成本被控制在一定的范围内，不会带来社会的震荡。由此可见，管理民主的社会主义新农村建设目标的外溢性体现在其对整个国家政治体制改革的实践贡献上，它带给整个社会的收益是一种政治文明，具有明显的外溢性，是一种典型的公共产品。

第三节 社会主义新农村建设的典型做法和实践经验

在社会主义新农村建设的过程中，不同地区地方政府和农民根据自身的实际，大胆探索，涌现出了一批先进典型，出现了一些成功的经验模式，他们为不同资源条件、不同发展水平的地区的社会主义新农村建设提供了经验，为我国新农村建设的进一步开展提供了思考的机会和经验借鉴。

一 内源型建设模式

本书所指的内源型新农村模式是指在社会主义新农村建设过程中，新农村建设主体本着实事求是的基本原则，充分利用自身条件，以内部资源为基础投资建设社会主义新农村的一种方式和方法，是一种典型的内生能力培育的方式。在内源型建设模式中，最具代表性的是温州地区的新农村建设。在温州的社会主义新农村建设过程中，它们通过农民自我发动、发展个体私有商业及工业企业参与到社会主义新农村的建设过程中，通过创办企业实现自我雇用，以工业发展带动农业的发展和农民收入的增加。温州地区的内源型建设模式与温州地区的历史文化和发展基础有着密切的关系。新中国成立后，为了谋生，温州人的家庭工商业始终没有停止过。在人民公社体制下，温州农民将农业领域承包扩展到非农的"超前"创新，引发了温州农村一场全民参与的大力发展非农产业的运动，很快自发形成"一村一品"乃至"一乡一品"的生产格局，并逐步在一个地理区域内发展出产业集群，形成一条龙的专业化生产，具有工业生产的基础。改革开放后，国内市场的巨大需求为温州工商企业的发展创造了良好的市场基础，温州的工商业得到了迅猛发展。在非农部门产业发展过程中，温州本地的农村剩余劳动力得到了充分的转移，农民非农部门就业的收入反哺着农村，促进了农村的发展。从温州的新农村建设模式可知：内源型建设模式是建立在一定的经济基础上的，是一种以非农产业的发展来带动和促进农村经济、社会的发展，在这一过程中，农民发挥着主体作用，既是一个历史发展的过程，也是一个自我发展的过程。

二　外源型建设模式

外源型建设模式是在社会主义新农村建设过程中，以国家大力建设社会主义新农村为历史契机，以社会主义新农村建设中的项目为载体，引进或筹集来自农村社区以外的资金或者资源进行社会主义新农村建设的一种模式。在这一过程中，外部资源从主体角度可以分为国家财政和民间社会资本两种类型。国家财政的投入主要集中在教育和乡村基础设施上，国家财政投入不仅改变了农业生产、生活条件，而且改变了农村居民的文化水平、技能和健康状况，为农村经济、社会的发展奠定了人力资源基础。工商企业通过资本下乡的方式，参与到农村建设中，是另外一种外源型建设模式。外源型建设模式在西部地区居多，其中主要是在国家的西部大开发政策支持下出现的新农村建设模式（孙立平，2006）。从2000年到2009年，西部大开发累计新开工重点工程120项，投资总规模2.2万亿元；2010年，国家计划在西部大开发中新开工23项重点工程，投资总规模达6822亿元。国家投入带动了社会投入，促进了西部地区经济快速发展。在西部经济迅速崛起过程中，西部地区的农村经济、社会也发生了迅速的变化。其中最为典型的例子是在2008年汶川大地震的恢复重建中，四川的成都、绵阳等重灾区出现了许多依靠国家的灾后重建和对口支援而出现的新农村样本。

三　产业带动型建设模式

根据农村发展带动产业的不同，社会主义新农村建设模式可分为农业产业化、工业、服务业、资源开发四种产业带动建设模式（李佐军、刘英奎，2007）。

一是农业产业化带动模式。农业产业化是以市场为导向，以经济效益为中心，对当地农业的支柱产业和主导产品，实行区域化布局、专业化生产、一体化经营、社会化服务、企业化管理，把产供销、农工商、农科教紧密结合起来,形成一条龙的经营体制。通过这种方式建设新农村,可以使农业走上自我发展、自我积累、自我约束、自我调节的良性发展轨道。山东省寿光市依靠市场带动发展农村经济,在全市范围内全面实施农业产业化战略。被称为"中国蔬菜之乡"的寿光2009年完成地区生产总值416.7亿元,财政总收入44.1亿元,农民人均纯收入达到8274元。以外贸为主导产业的诸城,2009年全市完成地区生产总值402亿元,财政总收入40.4亿元,农民人均纯收入8327元。

二是工业带动模式。工业带动模式以优先发展乡村工业为主导,实现农村经济从农业向第二产业转变。农业工业化是改造传统农业,使之成为现代农业的重要步骤,也是社会主义新农村工业化的重要内容。江苏华西村是我国工业带动社会主义新农村建设的典型。华西村位于沪宁城市群上,有较好的自然、社会、经济条件和优越的地理位置、交通条件,历史上农业发达。苏南地区非农经济的发展不仅具有良好的基础,而且由于上海等工业中心的辐射和支持,使其成为我国工业化最早的地区(朱晓红、邓国军,2008)。

三是服务业带动模式。服务业带动模式是充分利用农村既有的自然、人文环境优势,通过发展第三产业,如旅游、餐饮、商贸、娱乐等,促进第一产业的发展。近几年越来越受关注的红色旅游就是其中的代表之一,如湖南省韶山村等诸多革命老区村以革命纪念地、纪念物及其所承载的革命精神为吸引物,把红色人文景观和绿色自然景观结合起来,把革命传统教育与促进旅游产业发展结合起来,吸引大量游客,带动当地农村建设。四川众多乡村大力发展形式多样的"农家乐"项目,由于农村具有民风淳朴、环境清新、生活安逸的独特魅力,受到了周边城镇居民,特别是工作压力大的白领的追捧。广西融水县香粉乡雨卜村大力发展具有苗族特色的乡村旅游项目,从而带动了乡村经济、社会的发展。

四是资源开发带动模式。所谓资源开发模式是利用农村丰富矿产、水力、电力等资源,促进其开发利用,将资源优势转化为经济发展优势,促进农村的发展和农村社会进步。党的十六届三中全会提出放弃单纯追求 GDP，强调科学发展观、循环经济、有效经济；五中全会进一步提出资源节约、环境友好等概念（温铁军，2007）。四川省把农村能源建设作为解决"三农"问题的重要途径之一，并把沼气建设作为建设生态农业、发展无公害农产品、实现粮食增产、增强农产品竞争力和促进农民节支增收的重要手段。四川省凉山州的越西县充分利用县域内丰富的水力、矿产资源优势，吸引外资时鼓励当地民间资本参与开发，带动了当地经济的发展，在水电和矿产资源的开发过程中，乡村的村容村貌、基础设施得到了改善，农业产业结构得到了优化调整，农民的收入也得到了稳定的增长。四川省彭州市龙门山镇宝山村充分利用本地丰富的水资源，大力开发水电，年销售收入达到 40 亿元以上，全村 2200 多人实现了共同富裕。

四 城镇化建设模式

农村城镇化是指由以农业为主的传统乡村社会向以工业和服务业为主的现代城市社会逐渐转变的历史过程，具体包括人口职业的转变、产业结构的转变、土地及地域空间的变化。20 世纪 80 年代，费孝通先生提出"小城镇、大战略"，应是中国城市化贯穿始终的理念。在"半耕社会"（"农工社会"）阶段，既要重视农村的建设和发展，防止农村过快衰败；又要稳步推进城市化，实现向工业社会的转型。20 世纪 90 年代以来，随着市场分割不断地被打破，城乡一体化进程开始加速，城市化群落整体竞争力持续增强，经济、社会结构及其运行效率明显提升。城镇化建设模式的典型代表如白沟模式，即由政府、企业、社会、农民四方分担人口城镇化的成本，就地产业化、就地城镇化，不改变当地文化、风俗习惯的新农村建设模式。经过 30 年的发展，白沟实现了 4 个 90%，白沟的产业经营者 90% 是农民，白沟城镇化率为 90%、白沟城镇常住人口90% 是农民，农民的 90% 收入来自第三产业（林毅夫，2014）。

第四节 社会主义新农村建设中的主体定位

党的十七届三中全会明确提出：要把走中国特色农业现代化道路作为基本方向，统筹城乡发展，建设现代农业体系，必须充分发挥亿万农民建设新农村的主体作用和首创精神。在社会主义新农村建设过程中，农民具有长期从事农业生产的实践经验、知识和信息优势，他们最了解当地情况，有丰富的实践经验，蕴藏着无穷的聪明智慧和巨大的创造力，是推动农村经济社会发展最富有活力、最富有创造性的决定性因素，是建设社会主义新农村的主力军，在新农村的建设中发挥着不可替代的作用。稳步推进社会主义新农村建设的关键在于农民主体意识和实际行动。社会主义新农村建设过程中的农民主体作用的定位问题与对农民主体作用的认识有关，总体上，应从决策主体、行动主体、受益主体三个角度去定义农民的主体作用研究，也就是说，在社会主义新农村建设中，农民是决策、行动和受益主体（郑宝华，2008）。

一　社会主义新农村建设中的决策主体作用

农民的生活空间在农村，是农业生产、农村生活的活动主体。在长期的农业生产和农村生活中，他们积累了与本地农业生产资源、农村生活密切相关的隐性知识或默会知识，具有发展农村经济、进行农村社会建设的信息优势。因此，社会主义新农村建设只有从农村实际出发，充分尊重农民意愿，才能制定出符合当地农村发展的切实可行的政策，才能从真正意义上建设社会主义新农村。如果以决策主体作为农民主体作用的组成部分，那么如何让农民参与到社会主义新农村建设中的各项公共事务的决策过程中就应该成为农民主体作用发挥的决策制度安排的内容。作为决策主体，农民应从意识和观念上认识到自身在新农村建设中的重要作用，能够主动地去分析他们所面临的现实和问题，并结合自己的需求和内外部环境做出判断，找到适合自身发展的道路。如果由政府统一组织制定社会主义新农村建设的方针、政策，将农民排斥在决策体系之外，那么将会滋生农民的依赖心理，产生"等、靠、要"的思想，不仅会出现上级政府因决策相关信息缺乏而导致政策不合理、与实际不符的现象，而且还会降低农民参与社会主义新农村建设的积极性。

二 社会主义新农村建设中的行动主体作用

建设社会主义新农村是广大农民群众通过自身的劳动改善农业生产条件、提高农村生活水平、创造和谐美丽乡村的实践过程，农民应积极主动地投身于其建设过程中，把自觉主动的思想落实为建设社会主义新农村的具体行动。如果说农民在社会主义新农村建设中的主体作用体现在其行动上；那么除参与意愿外，农民的行动能力也是不可忽略的部分。然而，农村劳动力文化程度较低、技能缺乏、思想意识较为落后，制约着其行动能力。虽然许多地区的农民群众认识到建设社会主义新农村所带来的经济、社会利益，但受制于文化水平低、技术缺乏等多重约束，缺乏承受风险的能力，仍然沿袭传统的农业生产方式，行动主体的作用难以发挥。由此可见，如果不能从根本上转变农民的思想观念，提高他们的文化水平和劳动技能，农民在社会主义新农村建设中的行动主体作用就难以得到发挥，也就不能从真正意义上建设现代化的社会主义新农村。

三 社会主义新农村建设中的受益主体作用

新农村建设的直接目的就是要彻底改善农村落后的面貌、稳定增加农民收入、逐步提高农民生活水平，这些都与农民有着最密切、最现实、最直接的利害关系。在社会主义新农村建设过程中，农民是创造主体与价值主体的统一。只有让农民既能成为创造财富的主体，又能与其他社会主体一样共享改革发展的成果，促进创造主体与价值主体内在地统一于社会主义新农村建设实践中，才能真正全面地发挥和实现农民在新农村建设中的主体性力量（陈义平，2005）。因此，推进新农村建设，要把广大农民的根本利益作为出发点，以农民的根本利益是否增加作为衡量社会主义新农村建设工作成效的根本标准。只有让农民能够充分地享受到社会主义新农村建设的成果，成为社会主义新农村建设的利益主体，才能让他们切身体会到建设社会主义新农村的重要性和必要性，从而更积极、主动、自觉地投身到社会主义新农村建设的各项事业当中去，才能有力推动现代化新农村的发展。

本书在对社会主义新农村建设目标公共属性认识基础上，将农民的主体作用界定为合作行为，即在社会主义新农村建设过程中，围绕着农业生产条件、生活条件、乡村社会文明和农村基层治理等公共事项而表现出的一种积极参与、密切配合、团结协作行为，其合作行为的动机既包括了私人利益，也包括了集体性的公共利益，且这种合作行为既与个体属性有关，也与合作情境有关，是两者共同作用的结果。

第五节 制约农民主体作用发挥因素的一般性分析

一 农民素质的制约问题

农民在社会主义新农村建设中的主体作用发挥与农民的素质密切相关。从一个群体来看，农民主体受教育程度低、观念落后是农民主体素质的集中表现。一是农民主体文化教育水平。随着我国农村义务教育的普及和发展，总体上，农民的受教育水平有了明显的提高，但整体文化素质仍不能满足现代农业发展的需要，农民仅掌握了与传统的农业生产方式相关的经验与技能，仅能进行简单的传统农业生产，其生产效率较低，难以满足社会化大分工对农业生产的要求。如果不提高农民受教育程度和农民的文化素质，即使农民想积极投身于社会主义新农村建设，也会出现心有余而力不足的情况。据第二次全国农业普查主要数据公报（第五号）显示：农村劳动力资源中，文盲3593万人，占6.8%；小学文化程度17341万人，占32.7%；初中文化程度26303万人，占49.5%；高中文化程度5215万人，占9.8%；大专及以上文化程度648万人，占1.2%。

农民文化教育水平低不仅表现在现实的农业生产过程中缺乏技能，而且也影响其学习能力，两者的共同作用结果是农民参与社会主义新农村建设的可行能力明显不足。二是思想观念落后。农民作为主体的思想观念落后表现为"小农意识"。对于是否支持社会主义新农村建设，以及承担多少义务，不少农民主要从自身能从社会主义新农村建设涉及的土地调整、宅基地管理和公益设施建设中获得多少实惠或利益的角度考虑，而较少考虑社会主义新农村建设能给整个农村区域带来怎样的利益，缺乏全局意识。同时，部分农民认为社会主义新农村建设是上级党委政府、干部以及基层政府、干部的事，与自己关系不大，缺乏主动参与到社会主义新农村建设的积极性和主动性。

二　农村社会关系的制约

农村的社会关系主要是以自己为中心，建立在血缘关系、姻亲关系和地域关系基础上，由内向外像水的波纹一样，一圈圈地向外推出去的，从而形成内外有别的差序结构（费孝通，2008）。以血缘、姻亲和地域为主要联结方式的农村社会关系，关系的亲疏以及在关系结构中的位置决定了其行为动机和行为，这种关系容易导致社会主义新农村建设中的一些公共事务的决策难的不利局面。受这种农村社会关系的影响，农民除考虑自身利益外，只会考虑和自己处在同一个亲属圈内，和自己地域相邻的这个农民群的利益，并且愿意为这个关系圈内的人承担更多的义务，实现双赢或多赢，但他们并不会将这种社会关系向外推到整个农村区域，即他们不会以整体利益最大化作为其行为决策依据。同时，农村社会内外有别的差序格局对农村社会内部的一般性信任关系的建立也有着不利影响，影响其合作行为。农村特殊的社会关系结构形成其个体特定的行动方式，原子化的个体和差序格局对社会主义新农村建设的集体行动是不利的。

三　组织化程度低

我国目前大部分农村的主要经济活动形式仍是以家庭为单位的经济活动，具有经营分散、经营规模小和组织化程度低的特点。农业生产和经营过程中的组织化程度低导致单个农户抵御市场风险能力弱,市场谈判能力不强,市场竞争力差,农产品安全保障程度低,农业标准的实施条件差等。这些风险和不利的市场条件的存在必然会影响农业生产经营的比较收益,农业生产收益的不确定性制约着农民参与与农业生产相关的社会主义新农村建设的积极性和主体作用。据不完全统计,到 2013 年年底,农民合作社已超过 98 万家,成员 7412 万户,占农户总数的比例已达到 28.5%,合作社的产业覆盖、经济实力和作用都有了彻底的变化,但与发达国家水平比、与农业农村发展需要比、与农民群众期盼比,我国农民合作社的发展实践还有不小差距,存在规模小、实力弱、运行不规范等问题(王唯友、杨春悦,2014)。农村合作性组织的缺乏和组织化程度低不仅影响农民在农业生产中的比较收益,而且导致农民参与社会主义新农村建设的各种载体平台和渠道的缺失。近年来,在国家多项政策的支持下,我国农村的组织化程度虽有所提高,但与发达国家相比,与城市工商企业相比,仍有不小差距。

四 基层政府对农民主体作用认识不清

一是一些地方基层政府在建设新农村时,注重面子工程、形象工程和政绩工程,将新农村建设示范点多选在街道、旅游景点及铁路、公路沿线,并且简单地把新农村建设等同于新村建设,主要从村容整洁入手,仅仅注重抓乡村道路和刷墙等工作,发展农业生产、增加农民收入和改善农民生活,这些新农村建设的基本要求被弃之一旁,这势必会影响到农民参与社会主义新农村建设的积极性。二是一些地方基层政府重视政府主导作用,忽视农民的主体作用。基层政府和领导干部对社会主义新农村建设充满了热情,他们认为新农村建设是政府的主要工作和任务,政府是社会主义新农村建设的主要主体,是社会主义新农村建设的主角,农民是配角,农民在社会主义新农村建设中的主体作用被忽视。受政府行为思想、行为模式的作用和影响,农民缺少参与机会,主体地位被忽略,往往认为社会主义新农村建设与自己无关,是政府的事,积极性和主动性缺乏。与此同时,基层政府在建设新农村时,忽视了农民的主观能动性、创造性以及农民技能的发挥。

第四章　西南少数民族地区新农村建设的基本现状分析

2006年，中央出台的"社会主义新农村建设发展纲要"在不同的层面上唤起了人们对"三农"问题的重视，掀起了社会主义新农村建设的高潮。西南少数民族地区的新农村建设在"工业反哺农业，城市反哺农村"的总体思路指导下，取得了明显的进步：农民收入稳步增长，农业生产、农村生活条件发生了巨大的改变，农村的电力、交通、通信、教育、医疗卫生等公共服务设施在国家相应的财政投入倾斜政策的扶持下也有了明显的改观。然而，将西南少数民族地区的新农村建设放在整个国家层面上去审视，我们就不难发现，以国家财政支持作为西南少数民族地区新农村建设的投资主体，这些投资在改善西南少数民族地区农村基础设施的情况下，能否真正带动农民收入的可持续性增长和农村社会的繁荣稳定，能否自动地形成农民收入稳定增长的长效机制，也就是说，这些外源性的投资能否自动地转化为真实的生产力，是无条件的还是需要一定的内在基础作为支撑条件，才能促进西南少数民族地区的社会主义新农村建设的可持续性值得思考。由此而产生的两个问题必须回答清楚：一是在国家相应的公共政策支持下，为什么西南少数民族地区不同地域之间有着不同的发展结果，除与不同地区不同的资源禀赋条件有关外，是否受制于不同地区农村社会微观层面组织结构的发育和完善程度的影响？二是在同等的外部条件下，相同的农业生产基础设施，相同的土地资源，为何在西南少数民族地区的广大农村社区内部存在着居民收入分化的问题，它是不是由不同农户家庭内部要素资源配置结构不同而产生的不同配置效率？更进一步，如果答案是肯定的，那么在一个家庭内部又是什么因素在农户家庭资源配置中发挥着决定性作用，由于家庭之间不同的人力资本对农民家庭资源的配置发挥着决定性作用，从而进一步影响到其家庭收入，而家庭收入的不同是否会对其人力资本的积累发挥作用，从而产生贫困与富有的阶层结构分化，并在农村社会内部产生代际传递。前一个问题涉及新农村建设过程中的农村社会组织建设问题，后一个问题与农民的主体作用发挥能力和组织方式有关，两者共同构成了西南少数民族地区社会主义新农村建设现状的认识基础。

第一节 西南少数民族地区社会主义新农村建设取得的主要成就

虽然，从总体上西南少数民族地区的农村经济与东部和中部地区的差距仍然非常明显，但是自2006年以来，相对于其过去，西南少数民族地区的农村已有了长足的进步，西南少数民族地区社会主义新农村建设取得了显著的成绩。各地因地制宜地把解决"三农"问题作为各级政府的工作重点，扎实推进社会主义新农村建设，农村经济、社会和村容、村貌、基础设施、社会公共事务都发生了显著的变化。

一 西南少数民族地区农村经济快速增长

在中央各项惠农政策、西部大开发和相应的各类专项政策的支持下，西南少数民族集聚的四川、云南、贵州和广西的农村经济、社会的各项事业得到了快速发展。各地充分利用国家有关社会主义新农村建设的相关政策，结合自身的实际，有力地促进了社会主义新农村建设。云南省西双版纳州自进行社会主义新农村建设试点以来，各试点村致力于提升传统支柱产业，积极培育新兴产业，农村经济得到较快发展。仅2008年，300个试点村农业总产值4.68亿元，比试点前增长15.2%；集体经济收入917.85万元，比试点前增长25.7%；粮豆种植面积20.39万亩，总产量5.26万吨，比试点前分别增长2.16%和13.46%；橡胶面积36.89万亩，总产量2.05万吨，比试点前分别增长16.39%和28.15%；茶叶面积9.52万亩，总产量1.27万吨，比试点前分别增长23.98%和22.6%。试点村农民人均纯收入明显提高，生产生活条件进一步改善。2008年，300个试点村中的农民人均纯收入5000元以上的有9个，比试点前增加7个；4000—5000元的有35个，比试点前增加22个；3000—4000元的有102个，比试点前增加51个；2000—3000元的有110个，比试点前减少11个；1000—2000元的有35个，比试点前减少45个；1000元以下的有9个，比试点前减少2个。农户安装座机电话22001户，拥有手机49319部，比试点前分别增长14.2%和64.09%；拥有摩托车31612辆、汽车2122辆、小轿车1449辆，比试点前分别增长29.83%、51.70%和56.73%；拥有拖拉机18325辆、农机具15485台，比试点前分别增长11.21%和23.62%。

二 西南少数民族地区的农业经济结构进一步优化

传统农业和农业经济结构不合理一直是制约西南少数民族地区农业经济发展的重要障碍。社会主义新农村建设实施以来，西南少数民族地区把农业产业结构调整和优化作为社会主义新农村建设的重要内容，通过农业产业结构的调整来促进社会主义新农村建设，取得了较为明显的进步，其典型的做法：一是努力发展属于民族地区自己的特色农业，充分发挥民族地区的特色优势，形成自己的特色农业经济，如云南少数民族充分利用其光热资源丰富的自然资源优势大力发展以甘蔗、橡胶、蔬菜、马铃薯、花卉、水果、蚕桑、咖啡、中药材等为代表的特色优势农产品的种植，农民增收效果明显。二是提高农产品的产品质量，加大对农产品的深度开发，形成自己的产业链和支柱产业，形成民族地区农业竞争优势，提高综合竞争力。社会主义新农村建设以来，云南少数民族地区农业产业化经营有了新的突破，除烟草外的主要农产品加工产值增幅较大，农产品出口创收能力提高。三是充分发挥西南少数民族地区生物资源丰富的优势，大力发展生物产业，通过引进和扶持龙头企业，带动农民致富。四是大力发展特色种养业，增加农民收入，贵州毕节少数民族地区农户通过种植食用菌、李子、黄金梨等，大幅增加了农民收入，而且随着种植经验的积累、新技术的接受和优良品种的引进使特色果蔬生产成为当地的支柱产业。

三　西南少数民族地区基层组织建设更健全

农村基层组织建设是社会主义新农村建设的组织保障。在社会主义新农村建设过程中，西南少数民族地区在总结基层组织建设经验的基础上，按照更高的标准要求，积极开展基层组织、基础工作、基本条件的建设工作，有力地促进了社会主义新农村建设和发展。一是各地紧紧围绕提高基层党组织的凝聚力、号召力和战斗力，着力提高农村基层党员、干部素质和工作积极性，整合农村基层干部人力资源，改善农村基层干部工作条件，探索"村村联建"的工作机制，大力开展机关、企业、事业单位基层党组织与农村基层党组织联建工作，完善农村基层工作制度，为推动西南少数民族地区社会主义新农村建设提供坚强的组织保障。二是进一步完善村务公开、财务公开、政务公开、"一事一议"制度，凡村内的重大建设项目和重要事项、热点问题都通过村民大会进行表决，有力地推进了基层的民主建设，提高了农民参与社会主义新农村建设的积极性。三是加强对村干部党务知识、新农村建设、农村适用技术等方面知识的培训，以增强农村基层组织的力量，如贵州三水县在社会主义新农村建设中，以"班子有力、队伍过硬、阵地达标、村强民富、村容整洁、管理民主、村风文明"为目标，大力开展村党支部规范化建设，取得了明显的实效，基层组织的凝聚力、号召力和战斗力不断增强，带领农民群众共同致富、建设新农村的能力进一步提高。

四　西南少数民族地区农村的基础设施建设更完善

在社会主义新农村建设过程中，随着中央、省、市各项财政政策的出台和进一步落实，西南少数民族地区的基础设施建设在总体上获得很大改观，与之相应的是农村基础设施也发生了巨大变化，主要表现在以下几个方面：一是交通状况有了很大改善。西南少数民族地区把自然村"村村通路"摆在优先的位置，整体推进农村"五通"工程。一方面按照整合项目、资金的要求，进一步完善农村基础设施建设规划。另一方面千方百计筹集资金，加大市、州、县两级的投入，充分发挥基层干部群众的主体作用，发动群众积极投工投劳，以乡镇为主建立健全农村公共基础设施管护长效机制，加快推进以"村村通路"为重点的农村基础设施建设，为推动新农村建设创造有利的基本条件。二是信息通信取得了巨大的成就。随着信息时代的到来，先进的通信手段已经成为人们生活不可或缺的手段。西南少数民族地区地广人稀、山高谷深，农村信息化建设难度大，但在国家相应政策的扶持下，通过通信企业的努力，西南少数民族地区乡村已基本实现了有线电话和无线网络的全面覆盖。农村信息通信基础设施的改善，拉近了西南少数民族地区农村村民与外部世界的距离，有效地打破了西南少数民族地区的封闭状况，促进了当地经济的发展。三是在水利水电方面的建设进步明显。水利水电对农业经济、社会的发展具有至关重要的作用。近年来，随着国家对农村水利水电等基础设施的投入加大，西南少数民族地区的水利水电基础条件建设取得了巨大的成就。四川、云南、广西、贵州四省的少数民族地区已基本实现了农村电网的全覆盖，通过改水工程，农民吃上了清洁水，这些条件的改善，有效地支持了民族地区农业发展。

五　西南少数民族地区乡风文明程度进一步提高

经济建设固然重要，精神文明的建设也不能忽略，西南少数民族地区积极倡导乡村文明新风，把农村精神文明建设作为民族地区农村建设的重点之一，并取得了显著成效。其典型做法：一是利用各种形式进行文明新风宣传，并深入开展文明户评比活动。西南少数民族地区充分利用板报、宣传单以及文艺活动等各种形式，结合民族地区的风土人情，将党的方针、路线和政策充分地传达到每位村民。二是把社会公德、家庭美德、个人品德等社会主义核心价值观内容纳入"村规民约"，充分发挥共青团、妇女、老年组织的特殊作用，大力开展各种健康向上、内容丰富的文化体育娱乐活动，从而使打架斗殴、偷盗、赌博和封建迷信活动明显减少，邻里更加和睦，村民诚信经营，遵纪守法，集体荣誉感倍增。三是加强对村民的文化知识和科技培训教育。抓好以九年义务教育与农村适用技术培训为重点的新型农民培训，为推动新农村建设提供有效的人才保障。在社会主义新农村建设过程中，西南少数民族地区在中小学危房重建与学校标准化建设、加强教师队伍建设、提高教学质量、强化学生服务管理功能等方面狠下功夫，促进了农村义务教育的发展。云南省在总结九年义务教育达标的成功经验基础上，整合培训项目、资金，按照农民的需要，合理搭配、捆绑实施，进一步提高农民培训质量和效益。仅2008年，在西双版纳300个试点村中，有55140人参加各类农业实用技术培训，占劳动力总数的77.2%，比试点前增长38.6%；有8756人通过培训后实现劳动力转移，占劳动力总数的12.3%，比试点前增长59.0%。农民文化、技术、经营管理能力的提升为西南少数民族地区社会主义新农村建设奠定了人力资源基础。

六 西南少数民族地区农民可行能力显著增强

在西南少数民族地区社会主义新农村建设过程中，经过西南少数民族地区社会主义新农村各个主体的努力，西南少数民族地区的产业得到了发展，农民长期以来在农业生产过程中所形成的乡土知识得到应有的重视，新的产业在农村社区形成自生能力，形成支持农村发展的支撑能力。云南省弥勒县西三镇可邑村充分利用自身的文化优势，大力发展文化旅游，实现了"文化富民"的目标，探索出了一条社会主义新农村建设新模式。彝语中的可邑意为"吉祥之地"。可邑村地处云南省东南部的红河州弥勒县城北端（东经103.50°，北纬24.20°），距省府昆明134千米，距昆河公路5千米，辖区面积32平方千米，平均海拔1780米，2008年年末，全村共有187户，671人。2000年可邑村被列为"云南民族文化旅游资源开发研究'彝族文化旅游产品开发研究'"项目基地，是云南大学民族文化研究定点村，是州、县两级重点建设的彝族文化生态旅游村，是红河州民族团结示范村，是弥勒县第七批特色文明村，是西三镇开展社会主义新农村建设工作的试点村、小康社会建设示范村和生态文明村建设试点村。2009年，该村被确定为国际人类学与民族学联合会第十六届世界大会学术考察点。可邑村是闻名遐迩的彝族歌舞之村，文化底蕴厚重、民族风情浓郁、红色情结深厚，是"阿细跳月"的发源地之一及阿细创业史诗《阿细先基》的兴盛地。可邑村节日文化多姿多彩，有密枝节、祭火节、火把节等，众多的节日尽显阿细人的粗犷、豪放和对未来美好生活的憧憬；可邑村民族歌舞丰富，有阿细跳月、阿细刀叉舞、阿细霸王鞭舞等。在社会主义新农村建设过程中，可邑村根据自身实际，发展文化旅游产业，年文化旅游收入达200万元，先后投资51万元建设村中主干道100%铺建弹石路，铺建长度2000千米，铺建面积6000平方米。铺建长160米、宽6.5米的进村水泥路；投资198万元建设了牲畜饮水工程。投资180万元建设可邑餐厅、厨房、跳月广场、环境卫生治理、民族文化陈列室改造、公厕改造等各项建设工程。农民的收入、村容村貌和农民的能力都有了明显的改善（侯文武，2012）。

第二节 西南少数民族地区社会主义新农村建设的特殊性

西南少数民族地区的新农村建设在国家"工业反哺农业，城市反哺农村"的总体工作思路指导下，经过共同努力取得了明显的进步，西南少数民族地区的农村生产、生活条件发生了彻底变化，农村电力、交通、通信、教育、医疗卫生等公共设施落后的面貌得到了明显的改善，但由于西南少数民族地区的自然环境、农业基础设施、教育、传统习惯、自身文化等特殊性的影响，也给其新农村建设带来了实际困难。

西南少数民族地区是指四川、重庆、云南、贵州、广西等少数民族集中的地区，如表4-1、表4-2所示。虽然其拥有广阔的土地，但是由于地质条件的限制，能够为生产、生活利用的空间和资源极为有限，而西南少数民族地区的生产水平较为落后，广种薄收，生产手段多是粗放型经营，不仅生产效果不尽如人意，并以牺牲环境为代价。西南少数民族多分布在高山环绕、多深谷、多丘陵等自然条件极其恶劣的地区，地势复杂、险峻，交通不便，信息闭塞。西南地区位于我国沿江灾害带与山前灾害带交会处，是自然灾害多发区，加上地理地形复杂，气候条件恶劣，干旱、地震、山体滑坡、洪涝灾害、泥石流等自然灾害频繁发生。频发的自然灾害造成了大量的返贫人口，这无疑给原本条件不优越的少数民族地区的社会主义新农村建设造成更大的困难。

表4-1　云南、贵州、四川、广西四省区少数民族基本状况（2012年）

省份 指标	云南	贵州	四川	广西
少数民族个数（个）	25	17	14	11
少数民族总人口（万人）	1270	938.69	723.42	1976
少数民族地区面积（平方公里）	276674	100208.5	305156	—
少数民族自治州（个）	8	3	3	—
少数民族自治县（个）	29	11	8	12

资料来源：根据《中国统计年鉴》（2013年）整理。

一　农业基础设施较为落后

西南少数民族地区的总体经济发展水平明显落后于其他地区。长期以来，受农业基础设施投入制度安排的影响，以农民为主体的农业基础设施投入制度强化了农民承受能力、乡村社会动员能力与农业基础设施之间的关系。农民收入的有限性决定了以农民为主体的农业基础设施投入的刚性改革；以家庭承包经营责任制为典型特征的农村社会生产组织方式，意味着相同的农业基础设施对不同家庭因种植结构、经济活动方式的不同而有着不同的收益，以人均成本作为农业基础设施投入分摊模式必然会增加农业基础设施在农村社区的组织难度。同时，受农业和工业比较收益率的影响，在唯

第四章 西南少数民族地区新农村建设的基本现状分析 65

表4-2 云南、贵州、四川、广西四省区少数民族聚居地分布状况（2012年）

省份指标	云南	贵州	四川	广西
少数民族聚居地	彝族：楚雄州、红河州、玉溪市、普洱市、昆明市、白族：大理州、红河州、西双版纳州、普洱市和玉溪市、文山州、红河州、曲靖市、傣族：西双版纳州、德宏州、普洱市、临沧市、苗族：文山州、红河州、昭通市、傈僳族：怒江州、迪庆州、丽江州、大理州、回族：昆明市、大理州、曲靖市等。拉祜族：西双版纳州、普洱市、临沧市。佤族：临沧市。瑶族：红河州、文山州、德宏州。景颇族：丽江市、迪庆州、藏族：迪庆州。纳西族：丽江市。布朗族：西双版纳州、普洱市。普米族：丽江州、怒江州、迪庆州。怒族：怒江州。基诺族：西双版纳州。阿昌族：德宏州、保山市。德昂族：德宏州、临沧市。蒙古族：玉溪市、曲靖市。水族：曲靖市。独龙族：怒江州。	苗族：黔东南州、黔南州、黔西南州、毕节地区、松桃县、印江县、咸宁县等。布依族：黔南州、黔西南州、安顺市。土家族：黔东南州、玉屏县、铜仁一地区。彝族：毕节地区、六盘水县、仡佬族：遵义市、安顺市。水族：三都县、荔波、平塘县、独山县、麻江县、都匀市、福泉市、雷山县、惠水县、毛南族：平塘县。仫佬族：黔东南州、凯里市、黎平县、从江县、石阡县、黄平县、黔西县、满族：大方县、金沙县。羌族：江口县。	彝族：凉山州、乐山市、攀枝花市、甘孜州。藏族：阿坝州和凉山州的木里县、羌族：阿坝州的汶川县、茂县和绵阳市的北川、盐亭、平武县、土家族：酉阳、秀山、黔江、石柱、彭水等县。苗族：宜宾、泸州的边远高山地带。回族：松潘、盐边、盐源、木里等县。傈僳族：西昌、会理、盐边、宁南、布依族：凉山州的宁南、会东、普格、会昌、白南等县。蒙古族：凉山州的木里县、盐源、盐边、木里、古县、成都市两县。	壮族：桂西、桂中，即南宁、柳州、百色、河池、贵港、防城港等市。瑶族：都安、大化、巴马、富川、恭城等县。苗族：融水、环江、三江、资源、龙胜、西林、南丹等县。侗族：三江、龙胜、融水等县。毛南族：主要分布在罗城、宜州、环江县。仫佬族：环江毛南族自治县。回族：桂林、柳州、南宁、百色4市及临桂、灵川、鹿寨、永福、宜州、北流等县（市）。彝族：隆林、那坡县。壮族：宁明、水族：融水、木里等县。仡佬族：河池、隆林自治县德峨、长发、克东、普安、来宾等县（市）。仡佬族：隆林自治县德峨、长发、岩茶、者浪、蛇场乡。

GDP 的执政理念指引下，各地方政府多年来没有将农业发展放在应有的位置给予重视和相应的投入，对农村社区范围的社区性公共产品的供给组织工作的重视程度也不够，完全处于一种自由放任的状况，或者把农村社区的农业基础设施的投入作为一种政绩来经营，忽视了农业生产和农民生活对农业基础设施的真正需要，由政府投资的农业基础设施变成"摆设"，难以发挥农业生产的作用。上述种种原因造成了农业基础设施历史性欠账。这种状况在西南少数民族地区广泛存在。

西南少数民族地区多分布在山高、谷深的云贵高原、青藏高原东部，恶劣的自然条件以及分散居住的特点客观上加大农业基础设施的投入强度，即为相同的农业产出或相同的农业人口提供同样的农业基础设施，其所需资金明显高于其他地区。如果说西南少数民族地区的新农村建设要解决发展的历史性差距，那么其发展就应该是跨越式的发展，这一战略目标能否实现就决定于两个因素，一是外源型的财政投入；二是内源型的社区内部的资源动员能力。显然，前者既与国家的财政政策有关，又与当地地方政府的财政收入状况有关。理论上农业基础设施多为社区性公共产品，其有效率的供给安排应由基层地方政府提供，按照这一理论，西南少数民族地区农业基础设施的内源型投入与地方政府的经济发展水平密切相关。这就是说，沿袭传统的以农民作为农业基础设施的内源型投资主体会受到农民收入较低的约束，其筹资数量和规模都是十分有限的。农村家庭承包经营责任制实施以来，农村社区也明显"原子化"，高度分散的经营活动方式极大地增加了农业基础设施的内部资源动员难度，加之上级政府缺乏对农村社区农业基础设施内部筹资的相应监督和管理，因农业基础设施建设筹集而引起的村民与村委会之间的不信任，无形之中侵蚀了西南少数民族地区社区内部的社会资本，降低了村民自觉参与的积极性和主动性。综上所述，一方面，西南少数民族地区独特的自然环境条件和经济发展水平对农业基础设施的建设形成了极大的资金需求；另一方面，不管是外源型筹资还是内源型筹资，两者都受到地方政府和农民收入限制。这是西南少数民族地区新农村建设必须解决的问题。

二 教育水平与人口素质普遍较低

教育水平与人口素质普遍较低是西南少数民族地区需要面对的问题之一。西南少数民族地区的教育基础条件较非少数民族地区有一定的差距，尤其在少数民族贫困地区差距更为明显，无论是教学硬件（基础设施和办学条件）还是软件（师资水平）方面都比较薄弱，从而影响教学水平。如四川省的甘孜、阿坝等少数民族贫困县，师资短缺，办学条件非常艰苦，有些地区要靠捐赠来满足基本教学要求。我国少数民族的受教育程度和人口素质普遍较低。据统计，西部地区每万名劳动者中拥有中级以上学历或初级以上职称的人员仅92人，专业技术人才仅占1/5，其中中高级专业技术人才短缺严重。基于本地区教育的落后，加之外来人才引进难，使得西南少数民族地区的新农村建设步履维艰，而西南少数民族地区的教育的特殊性，直接影响到社会主义新农村建设的进程。

三 公共产品供给和公共服务质量较差

一般来讲，农村基础设施状况与区域经济发展水平、农村商品经济发展等息息相关，农村基础设施建设状况良好，公共服务和公共产品供给水平也就越高。我国西南少数民族地区，农村基础设施状况较差，有些地区仍处于一种原始的生活状态，公路不通，饮水困难，有些地区虽通了电，但用不上电灯，更不用说信息通信了。据2009年的一项调查统计显示，红河哈尼族彝族自治州有1/4的自然村没有通路，136.8万人饮水不安全，32878户未用上电灯。贵州省丹寨县161个行政村，通车率只有70%左右，其中不少还是泥巴路、砂石路，一下大雨就被冲毁。贵州榕江县计划乡，14个行政村只有3个村通公路。四川省的石渠县，164个行政村，只有82个村通公路、8个村通电话；色达县66个行政村有15个村通公路、14个村通电话。四川甘孜境内的白玉、德格、道孚等县，大部分区乡镇都缺乏必要的农技服务站、邮电所、金融所（银行、农信社），农民存贷款都必须到县城，来回几十上百公里，存贷款成本高。虽然随着社会主义新农村建设的推进，这些地区的农村基础设施有了一定的改善，但供给水平低和管护缺乏仍是社会主义新农村建设中突出的问题。

第三节 西南少数民族地区社会主义新农村建设的现实困境

西南少数民族地区是我国少数民族集中地区，具有其自身的地理环境特征和民族风俗、习惯、传统文化，是我国多民族大家庭不可缺少的部分。西南少数民族地区地处西南边疆，与东南亚接壤，其发展对我国边疆地区的稳定具有重要作用。同时，西南少数民族地区地处我国重要的生态保护区，是我国长江、珠江两大水系的重要发源地，生态保护责任和意义重大。因此，西南少数民族地区是我国农村建设的重点地区，在社会主义新农村建设方面已取得了显著成绩。然而受西南少数民族地区新农村建设特殊性的影响，西南少数民族地区的新农村建设还面临着以下几个必须逾越的现实困境。

一 自然灾害频发，农村贫困面大，内生发展能力缺乏

传统意义上的西南少数民族地区是指四川、重庆、云南、贵州、广西等少数民族集中居住的地区，跨越我国地势一、二、三级阶梯，从世界屋脊的青藏高原到北部湾，海拔高度从8000多米一直下降到0米，具有地形、地貌多样、动植物种类丰富多样、生产生活方式多样、民族文化多姿多彩、生态环境极其脆弱的典型特征。西南少数民族地区复杂多变的自然环境条件，不仅使其农业生产在表现形式上多样，而且很难形成规模经济，致使先进的农业生产技术难以推广，农业生产仍停留在较为传统的以人畜为主要动力的阶段，农业生产水平较低。西南少数民族地区是我国自然灾害频发地带。干旱、地震、滑坡、泥石流、暴雨洪灾、水土流失、森林大火、冰雹大风、低温寒流连年发生在西南少数民族地区。2003—2008年，西南地区的各类地质灾害分别为6614起、6107起、920

起、1071起、12901起、8160起，占当年全国总数的比例分别为43%、45%、5%、10%、5%、31%。各类自然灾害所造成的经济损失达129535万元、287742万元、91861万元、28716万元、136126万元、182817万元。2008年震惊世界的汶川大地震就发生在以藏、羌两个少数民族集中的西南少数民族地区，地震直接造成人员死亡6.9万余人，失踪1.8万余人，直接经济损失达8451亿元，致使许多农村家庭的主要劳动力丧失，失去了发展机会。2009年7月开始，发生在西南地区的严重干旱，在不到半年的时间内就造成经济损失236.6亿元。西南少数民族地区是我国传统的农作区、牧区和林区，是典型的弱质性产业，其本身对自然就有着极强的依赖性，而不断频发的自然灾害破坏了农业生产的自然生长规律，导致农业生产减产和低效率，农民收入难以稳定，因自然灾害受损而返贫的现象在西南少数民族地区非常普遍。根据2010年5月中国扶贫基金会一项调研报告披露，据不完全统计，2009年7月以来的大旱直接导致218.54万人返贫，除四川外，云、贵、桂、渝因灾返贫人数分别达到100万人、53.54万人、40万人和25万人，因灾导致贫困加深的人数分别达540万人、585.38万人、365万和142万人。由此可见，一方面，西南少数民族地区的农业生产水平本身就较低，农民的收入低于国内其他地区，自身积累能力明显不足，缺乏发展后劲；另一方面，频繁发生的自然灾害又极其容易导致农户家庭辛辛苦苦积累起来的家庭财产受损，这严重地制约和影响了农户家庭投资农业的生产能力和积极性，致使西南少数民族地区农村建设的内生能力不足。

二 农业基础设施落后，农业发展基础保障条件劣势十分明显

我国农业基础设施由于制度安排的不合理，存在着许多问题：一是长期以来，以农民为主体的农业基础设施投入制度强化了农民承受能力、乡村社会动员能力与农业基础设施供给水平之间的关系。农民收入的有限性决定了以农民为主体的农业基础设施投入的刚性约束，也就是说，以农民为农村基础设施的供给主体，其提供能力决定于农民的收入水平，以农民为农业基础设施的供给主体必然会导致农业基础设施的供给制度陷入恶性循环，即农民收入低——供给能力差——农业基础设施供给水平低——农民收入低。二是以农村家庭承包经营责任制为典型特征的农业生产组织方式，意味着相同的农业基础设施对不同农户家庭因种植结构、经济活动方式的不同而有着不同的收益，以人均成本作为农业基础设施投入分摊模式实则是以异质化的农户家庭为背景的集体决策，必然会增加农业基础设施供给决策在农村社区内部的组织难度。三是受农业和工业比较收益率的影响，在唯GDP的执政理念指引下，一方面各地方政府多年来没有将农业发展放在应有的位置给予应有的重视，农业基础设施投入滞后于农村社会、经济发展的需要；另一方面地方政府对农村社区范围的社区性公共产品的供给目的不清，组织工作的监督管理不到位，农村社区性公共产品完全处于一种自由放任的状况。政府部门把农村社区农业基础设施的投入作为一种形象工程来经营管理，忽视了农业生产和农民生活对农业基础设施的真正需要，既存在投入不足，又存在投入结构不合理的问题。往往使由政府投资的农业基础设施成为摆设，难以发挥其应有的作用。

西南少数民族地区地方政府的财政资源动员能力受制于其落后的地方经济发展水平。经济发展水平的落后决定了地方政府财政收入的有限性，而财政收入的不足直接决定了其农业基础设施总体投入水平。西南少数民族地区多分布在山高、谷深的云贵高原、青藏高原东部，恶劣的自然条件以及分散居住的特点客观上又加大了农业基础设施的投入强度，即为相同的农业产出或相同的农业人口提供同样的农业基础设施，其所需资金明显高于其他地区。如果说西南少数民族地区的新农村建设水平要达到全国平均水平，要弥补其历史性发展差距，那么其发展就应该是跨越式的。显然，西南少数民族地区新农村建设的跨越式发展战略目标能否实现就决定于两个因素：一是外源型的财政投入，二是内源型的社区内部的资源动员能力。显然，前者既与国家的财政政策有关，又与地方政府的财政收入状况有关。理论上农业基础设施多为社区性公共产品，其有效率的供给安排应由基层地方政府提供。按照这一理论，西南少数民族地区农业基础设施的投入就与经济发展水平和地方政府的财政动员能力密切相关。也就是说,仅从农业基础设施供给的效率角度去思考其新农村的建设问题,西南少数民族地区将会在未来很长一段时间内面临地方政府财政供给能力不足的状况。后者决定于农民的收入和农民对社区性农业基础设施的投资收益与成本的比较,受自然条件和经济发展水平的影响,西南少数民族地区的农民总体收入是偏低的。也就是说,沿袭以农民作为农业基础设施投资主体的传统思路必然会受到农民收入较低的约束,其筹资数量和规模难以满足农业生产、农民收入增加的需要。更进一步,农村自实施家庭承包经营责任制以来,农村社区"原子化"趋势严重,高度分散的经营活动方式极大地增加了农业基础设施的内部资源动员难度,加之上级政府缺乏对农村社区农业基础设施内部筹资的相应监督和管理,因农业基础设施建设筹集而引起的村民与村委会之间的不信任、矛盾与冲突极大地侵蚀了西南少数民族地区社区内部原有的、丰富的社会资本,降低了村民自觉参与社区性公共产品供给的积极性和主动性。综上所述,在国家不合理的农业基础设施投资制度安排下,一方面,西南少数民族地区独特的自然环境条件和经济发展水平对农业基础设施的建设形成了极大的资金需求;另一方面,不管是外源型筹资还是内源型筹资,两者都受到地方政府和农民收入的影响,社区内部的信任降低,增加了其组织的难度。农业基础设施的缺乏,极大地降低了农业生产的抗自然风险能力,整个农业生产仍然处于靠天吃饭的状态,制约着农民的收入增长。

三 农民参与社会主义新农村建设能力明显不足

农村公共服务体系缺失,义务教育水平低,农民参与社会主义新农村建设的能力明显不足。西南少数民族地区的新农村建设是以农民收入增加、农村居民贫困的消除为基本前提的。受农村医疗、卫生和义务教育资源供给不足的影响,西南少数民族地区的总体医疗、卫生水平、基本条件、义务教育水平都明显落后于我国其他地区。医疗卫生条件的缺乏直接影响到西南少数民族地区居民的自身健康,义务教育供给水平低和资源分布不均直接导致西南少数民族地区农村人口受教育程度不高。以四川凉山为例，由于农村医疗条件差，政府投入少，农村医疗网点萎缩，医疗设施落后，医务人员待遇低、流失严重，加之极差的居住环境、欠缺的卫生常识，贫困人口发病率高、死亡率高，血吸虫病、结核病等地方病比较突出，严重地影响着少数民族地区居民的身体健康。文化知识的缺乏直接导致其劳动技能和生产能力的弱势。劳动技能尤其是从事非农生产的劳动技能的缺乏决定了少数民族地区农村剩余劳动力转移的困难，决定了其收入在未来很长的时间内将以农业收入为主，收入结构的单一性无疑增加了其收入的不稳定性和风险性。人力资本理论认为，健康和受教育程度是个体人力资本的重要组成部分。在市场经济条件下，个人人力资本的多少直接决定了其经济行为，而基于个人的适应和推动社会经济发展的各种行为就构成了市场经济条件下个人的可行能力。由此可见，个人的可行能力越强，其经济活动的范围、质量、创新能力都较可行能力较弱的个体有着明显的差别，个人的可行能力不足极易产生贫困，也就是说，农民的可行能力与其发展之间存在着必然的联系。以西南少数民族地区农民所享受到的医疗、卫生条件和接受的义务教育水平作为其可行能力的判别标准，我们不难发现，就目前西南少数民族地区新农村建设而言，它是以可行能力较弱的个体为新农村建设的主体。这样的背景和格局势必会影响到新农村建设的进程和目标的实现。

四 传统社会资本不断流失，内生型资源动员能力明显不足

空间上，西南少数民族地区是我国几大文化区延伸、接触和交融的地方，源于生产、生活以及法律经验而形成的传统文化和民间社会的合作模式是西南少数民族地区农村社会重要的社会资本。传统的西南少数民族地区农村社区内部的社会资本更多地表现为一种规范和建立在互惠机制上的信任。理论上，宏观层面社会资本的存在有助于减少人们之间的交易成本，提升集体行动的能力和水平，它是以个体从自身的社会网络中可以动员和利用的嵌入性社会资源为基础的。受自然和历史复杂性的影响，西南少数民族不同民族内部的文明进程虽然存在时间和空间上的差异，但其在制度和精神层

面上的传统，如原始的民主、习俗，对习惯法的尊崇与敬畏、对自然的崇拜维系着农村社区的和谐、稳定，维系着农村社区的公益事业和社区性公共产品的供给，是农村发展不可缺少的重要资源和资本。然而随着市场经济的发展，受经济利益的驱使，一方面，西南少数民族地区固有的传统文化和习惯法正受到成文法的挑战，传统农村社区内部的民间议事程序受到了正式制度安排的冲击；另一方面，随着人员流动频率的增加，现代化和市场经济意识对各少数民族的传统经济、传统文化及其生活方式形成了猛烈的冲击，导致少数民族地区农村社区内部的社会资本减少，它不仅动摇了西南少数民族地区农村社会内部社会秩序的坚实基础，而且引发了一系列的社会问题。西南少数民族地区农村社会的社会资本的不断流失无疑加大了新农村建设对外在的强制性制度安排和资源供给的依赖性，难以形成多渠道的资源供给。

五 西南少数民族地区新农村建设的农村"空心化"难题

在我国快速城市化、工业化和现代化进程中，西南少数民族地区的"三农"问题在多种因素影响下更具复杂性。自然地理条件、经济、社会、文化、习惯等多种因素致使西南少数民族地区的社会主义新农村建设任务更加繁重和困难，对资源投入、资源的组织方式、能力有着更为强烈的需求，对农村的人力资源和农村社会的组织结构提出了更高的要求。西南少数民族地区农村剩余劳动力的大量外出引发了其新农村建设人力资源和组织资源的匮乏，严重地影响和制约着西南少数民族地区社会主义新农村建设。

西南少数民族地区在地理上处于我国第一阶梯、第二阶梯的过渡地带和西部干旱少雨地区，其自然环境条件极为恶劣，既是我国自然灾害多发地区，也是我国贫困人口最多、贫困面最大、贫困程度最深、贫困原因最复杂的少数民族集聚地区，是集"老、少、边、穷"于一体的地区（朱明熙等，2008）。近年来，西南少数民族地区农村的生态环境进一步恶化，连年发生极端的重大自然灾害。据云南省农业厅不完全统计，截至2010年4月15日，云南因旱灾造成全省秋冬播农作物受灾3261.2万亩，成灾2521.8万亩，绝收 1506.9 万亩。小麦粮食作物受灾 1593.2 万亩，成灾 1296.9 万亩，绝收 930 万亩。水果、茶叶等五类经济林果受灾 1482.5 万亩，成灾 432.7 万亩，绝收 79.9 万亩，农产品供给受影响。全省蔬菜产量同比减少 30% 左右，鲜切花产量减少 30% 左右，甘蔗产糖量减少 32 万吨，春茶产量减少 51%。受农业基础设施投资制度安排不合理的影响，西南少数民族地区的农业基础设施极端落后，一方面原来在集体经济体制下，依靠行政动员形成的农业基础设施由于没有得到相应的维护和保养，其功能正在退化和丧失；另一方面以家庭为农业生产经营决策单位的农业生产组织形式增加了农业基础设施社区性供给的难度。在国家对农业基础设施投资力度不够的情况下，西南少数民族地区的农业基础设施面临着内外供给不足的现实困境，农业基础设施的缺乏极大地降低了西南少数民族地区对自然灾害的抵御能力，增加了农业生产的系统性风险。农业生产的弱质性在贫困地区表现尤为突出，这在一定程度上既降低了农业部门对农民的吸引力，又降低了农民对农业再生产的投资积极性，两者共同作用产生了巨大的推力促使西南少数民族地区的农村居民的外出，导致西南少数民族地区的"空心化"，且这也在西南少数民族地区形成了一种恶性循环，越贫穷，农村的人力资源和其他资源的外流趋势越明显，农村的"空心化"程度越严重。

西南少数民族地区的农村人口受教育程度不仅低于全国平均水平，而且劳动技能和生产能力较弱。随着我国由农村剩余劳动力为主要成分的体制外劳动力市场化进一步发展，体制外劳动力市场已经成为完全竞争性市场，供过于求已经成为常态。受教育年限、劳动技能以及生活习惯、传统理念的影响，西南少数民族地区的农村剩余劳动力在市场竞争中具有其自身难以克服的不足，处于弱势。为尽可能地在竞争性的劳动力市场上获得工作，在家庭层面上其决策的结果总是让家庭内部年轻、文化程度较高的优质人力资源优先转移，这客观上进一步加剧了西南少数民族地区优质人力资源的外流，致使西南少数民族地区新农村建设过程中的人力资本的短缺。事实上，在贫困地区广大农村中，农村常住人口以留守儿童、留守妇女、留守老人为主。优质人力资源的外流所造成的直观现象是农村的"空心化",但是在国家加大对西南少数民族地区的资金扶持和政策倾斜的时代情境下,西南少数民族地区的社会主义新农村建设就必须解决好国家政策资金的投资效率问题。然而其资金的配置效率和政策的有效性不仅取决于资金规模、配置和政策本身,而且也决定于农村社会的组织结构、人力资源的承载能力和资源的利用能力。农村社会的组织结构和人力资源状况是外源型资源和政策输入到农村社会内部的承接载体,决定这一载体运作效率和政策绩效的是农村人力资源和相应的组织制度设计,由此可见,西南少数民族地区农村"空心化"不仅制约着农村经济的发展,也给西南少数民族地区的农村基层党组织建设带来了严重的影响,这种影响最为直观地表现形式就是农村优质人力资源的缺乏,党在农村的事业缺乏人力资源载体,严重地弱化了党在农村的组织能力、带头作用。

六 农民主体实质性自由缺乏,可行能力明显不足

按照阿玛蒂亚·森的"以自由看待发展"的伦理发展观,从"实质自由"的视角去审视西南少数民族地区社会主义新农村建设,我们就会发现以政治权威作为资源动员方式,以外源型的投入为主导的社会主义新农村建设模式可以在较短时间或特殊阶段使西南少数民族地区得到快速发展,免于各种由灾难所引发的粮食短缺而造成的营养不良、疾病、死亡等,在较短时间内形成基本可行能力,是一种切实可行的社会主义新农村建设模式。然而以政府为主导的社会主义新农村建设模式的本质是自上而下的,这是否有助于底层的社会个体的扩展性自由的形成是值得思考的。自由不仅是评价一个社会成功与否的重要依据,它还是个人首创性和社会有效性的主要决定因素,与个人的主体地位有关,而主体地位与社会安排之间有着密切的关系(阿玛蒂亚·森,2002)。很显然,自上而下的社会主义新农村建设模式有可能将底层的个体排除在社会主义新农村建设的具体事务之外而使其成为"局外人",这种社会主义新农村建设模式有可能使政府按照其主观上对"现代化"的理解,在村落设计、村落经济发展上摒弃原有的村落文化和原有的人与自然和谐

关系，使因社会主义新农村建设而迅速形成的"现代化"成为一种"嵌入式"的现代化而造成形式与内容、运行机制的不和谐，与农民的可行能力之间的不和谐。发展可以看作扩展人们实质性自由的过程，它并不是一种形式上应被观照与捍卫的原则性的空洞事物，而是一种有实质内容的现实事物，是一种在内容上可以扩展的可行能力，是动态的、可以衡量的、可以参照的、可以发展的（阿玛蒂亚·森，2002）。自由在发展中有构建性作用和工具性作用，其构建性作用是关于实质自由对提升生活质量的重要性，自由的工具性作用体现在能力自由上，权力、机会和权益相互作用并促成了人类一般自由的扩展，并以此为基础为经济的发展做出贡献。从自由的工具性层面看，自由包括了政治自由、经济条件、社会机会、透明性保证、防护性保障五个方面。西南少数民族地区农村经济发展是以农民主体作用的发挥为基础的，而主体作用的发挥是建立在其可行能力基础上的，这客观上要求政府应为农村居民的可行能力的形成提供工具。政治自由意味着在灾区的农村经济发展中应以村民自治为载体，推进民主选举，推进村民自治制度的建设和完善；经济条件表现为村民参与贸易和生产的机会，它是村民个体创造财富以及村民集体用于公共设施建设资源筹集的保障性措施。理论上，农村经济的发展既包括了社会公众利益也集合了农民自身的个人利益，其参与过程是一个复杂的过程，存在主体归因、客体归因和综合因素的归因，但真正起主导作用的仍是制度因素和农民的能力问题。农民作为农村经济、社会发展和建设的主体，他们的参与既涵盖了农村生活的公共空间，也涵盖了其私密空间（詹姆斯·C.斯科特，2007）。如果农民前台所表现出来的言语行为与其后台的言语行为不一致，那么农民的社区性公共事务的参与即为一种"虚伪"的参与，是一种形式意义远大于实质意义上的参与，其广泛的存在对农民的主体作用的发挥是不利的。虽然制度理论和能力理论对这一现象存在的解释有着角度上的差异，但农民缺乏能力将其后台的真实情感、意愿展示在公共场域的行为是毋庸置疑的（至于这种能力有什么结构特征，内容体系是什么不在本书的讨论范围内）。

第四章　西南少数民族地区新农村建设的基本现状分析

西南少数民族地区的新农村建设对构建和谐社会，对促进我国经济社会的可持续发展意义重大，事关西南地区 36 个少数民族的根本利益。西南少数民族地区新农村建设的路径选择必须建立在对西南少数民族地区生产传统、文化传统的基础上，采取与其历史发展阶段相一致的策略，积极稳妥地推进西南少数民族地区的社会主义新农村建设。

第五章　社会主义新农村建设农民主体作用的理论框架研究

在社会主义新农村建设过程中，农民主体作用的本质是一种合作行为，即围绕着农业生产、农村生活、乡村文明建设和农村社会治理等公共事务的参与行为，这种参与行为的结果是农村社区性公共产品的供给水平的提升。农村社区性公共产品的供给水平事关微观层面的农村经济、社会发展，在社会主义新农村建设中具有举足轻重的作用。理论上，农村社区性公共产品受益主体范围明确，其有效率的供给主体是社区范围内的居民，其供给水平决定于主体之间的合作行为与非合作行为，而合作行为与非合作行为既内生于特定的社区环境，也是主体属性与制度安排的结果变量，嵌入农村社区特定的社会结构之中。本章以转型时期的中国农村社区为现实研究背景，以新经济社会学的嵌入理论为基础，从主体要素和制度要素两个维度建立起一个社会主义新农村建设中的农民主体作用的分析框架，提出了相关的理论命题。

第一节　问题的提出

如果以社会主义新农村建设目标的实现具有公共属性，农民为社会主义新农村建设的主体，那么社会主义新农村建设的农民主体作用则为一种社区性公共产品的供给合作行为。公共产品（Public Goods）是相对于私人产品（Private Goods）而言的，纯粹意义上的公共产品具有消费上的非排他性（Non-Excludability）和非竞争性

(Non - Rivalry)，任何个人的消费都不会减少和影响其他人对这类物品的消费的基本属性决定了公共产品供给模式与私人产品的不同（M. Olson，1965）。公共产品理论研究集中在公共产品的类型界定、公共产品有效率供给以及与公共产品供给相关的筹资与成本分担机制设计上。公共产品分类研究是公共产品理论建构的逻辑起点，有关公共产品类型研究是以物品的分类为基础的，有两分法、三分法和四分法。奥斯特罗姆以排他性和共同使用为标准将物品分为私益物品、收费物品、公共池塘资源和公益物品四大类，不同类型物品的有效率供给机制和设计原理虽没有统一而固定不变的模式，但相互之间的差别却是不可忽视的（埃莉诺·奥斯特罗姆，2000）。公共产品消费上的非排他性（non - excludability）和非竞争性（non - rivalry）决定了市场机制在公共产品供给过程中的失灵，致使公共产品的供给和共享资源的治理始终面临着公地悲剧、囚徒困境和集体行动悖论三大难题。公共产品理论是政府职能边界确定，政府、市场和企业关系处理，公共财政分配的基础理论（冯俏彬、贾康，2010）。近年来，随着实验经济学的兴起，国内外的理论工作者从公共产品的供给主体角度出发，以主体的经济理性为基本前提假设，对公共产品供给过程中的自发合作行为生成的条件与环境制度之间的关系进行了广泛而深入的研究，取得了大量的研究成果，尤其是现实世界中广泛存在的私人自愿供给公共产品实践案例，颠覆了人们对公共产品供给理论的传统认识，引起了人们对公共产品政府单一中心供给模式的反思（Ahn T. K.，Ostrom E.，Walker J. M.，2003）。公共产品私人供给的研究发现不仅丰富了公共产品供给理论的内涵，而且拓展了公共产品供给的融资方式，为人们解决财政资金约束条件下的公共产品供给难题寻求到了第三条道路，为社会福利的增加寻求到了新的途径。如果以公共产品的私人自愿供给为既定的事实，那么，这种自愿供给在什么类型的公共产品供给中更容易产生，它是否与供给主体的个体属性和环境属性有关，也就是说，什么样的个体更容易在公共产品供给中出现合作行为，什么样的制度环境安排更容易导致个体合作行为的产生，两者之间的相互作用机理是什么就成了公共产品私人自愿供给中的两个相互关联的问题。如果将上述的一般性理论问题作进一步的具体推导，那么在转型时期、非均衡化的中国乡村社会中进行社会主义新农村建设，农民作为主体并且围绕农村社区性公共产品的供给，他们之间是否会存在合作行为，这些合作行为的产生与合作主体和社区环境的关系是什么就成为乡村社会治理和社会主义新农村建设农民主体作用研究必须回答清楚的问题。

第二节　农民主体合作行为的环境分析

社会主义新农村建设发生在农村社区中。农村社区性公共产品有别于统一概念下的公共产品，类似于布坎南的俱乐部产品，既包括器物性的有形产品，也包括无形的农村公共事务，其供给具有明显的空间范围，局限于一个村庄范围，消费主体身份特征和范围易于界定。社会主义新农村建设既是一种制度安排的结果，也是一系列行为活动的开展过程，是在村民委员会、村庄内的经济精英、政治精英、社会精英的组织倡导下，由村民、村民家庭按照一定的决策程序、议事方法进行的协商活动，是村民与村民之间、村民与组织者之间的合作行为过程，其最终结果是农村社区性公共产品供给水平和结构的变化。在村庄范围内，农村社区性公共产品的供给主体与消费主体是统一的，具有高度的内在关联性。农村社区性公共产品消费过程中既有不完全的非排他性（Non-Excludability），也具有不完全的非竞争性（Non-Rivalry），其供给水平事关一定范围内的农村社区居民公共利益，是农村社会经济发展的重要基础条件，具有经济和社会双重功能。以中国农村经济、社会转型为大的历史背景，微观层面上的农村社区性公共产品供给过程中的主体合作行为产生的条件是什么，一直以来是广大理论工作者所忽视的问题。目前，有关农村公共产品的供给研究成果众多，广大理论工作者以农村社会内部资源不足和农村公共产品对农村经济社会发展具有密切关联为研究预设,从城乡统筹发展和城乡要素供求关系角度出发,认为农村社会的发展在缩小城乡差距、带给农村居民切实的经济利益之外,还具有正外部性(positive externality),因此,加大政府对农村公共产品的供给既符合广大农民的利益诉求,也符合整体社会利益诉求,强调政府对农村社区性公共产品的财政投入正在演变成为一种社会共识(陈锡文,2010;程为敏,2005;刘鸿渊,2010;张红宇,2009)。显然,强调政府对农村公共产品的财政投入具有均等化城乡公共服务的作用,然而财政资金的投入效应是以微观层面的接应能力为基础的,而这种接应能力不仅表现在实物层面上的基础设施配套条件建设和供给能力上,而且也表现在社区的社会资本上,其中合作行为是不可缺少的重要组成部分。也就是说,在缺乏对农村社区层面的合作行为进行研究的情况下,过分地强调公平而忽视效率是否会导致同一问题的反方向发展是政府加大对农村公共财政投入必须正视和思考的问题。由此可见,对农村公共产品进行细分和供给场域分析是强调国家公共财政对农村社区性公共产品投入的首要工作,是财政资金配置效率的基础保证。同样地,在政府主导下,以外源型的财政投入为主的社会主义新农村建设的效率问题研究与农村公共产品供给制度相似,一是忽视内生型的资源作用将会影响社会主义新农村建设的资源来源渠道;二是对农民主体作用的研究必须围绕其提供的产品属性来进行;三是必须对作用环境进行研究。

从整个社会结构分析,农村社区处于整个社会结构的底层,具体到一个特定的农村社区,其公共产品是多谱系的,有纯公共产品、准公共产品、俱乐部产品,而处于物品谱系不同位置的产品应采用不同的供给模式,采用政府单一中心供给模式必然会因农村公共产品消费过程的非排他性和非竞争性的程度不同而产生无效率供给。因此,农村公共产品供给应建立在对农村公共产品进行分类基础上,对不同类型的公共产品采取多种供给模式,应将主体的复杂性和相应的环境因素纳入农村公共产品的供给过程中去进行系统思考。自农村家庭联产承包责任制实施以来,农民获得了时间和空间上的自由，农户家庭作为一个生产经营决策单位的自主性得到了国家政权的认可，农村社会巨大的生产潜能得到了有效的释放，极大地促进了农村经济的发展（林毅夫、刘明兴，2004）。中国农村经济的发展带动了农村社会的转型，以农村经济社会转型为现实背景，农村社会出现了三种新的趋势。一是受多种因素的影响，农村社区范围内不仅出现了职业的分化，而且出现了财富的分化，这种分化不仅表现在个体层面，也表现在一定村庄范围内的家庭层面，个体和家庭层面的分化的典型形式是主体之间的资源禀赋不同，也就是说，农村社区范围内的公共产品供给合作行为是以社区范围内的合作主体的自主性和差异化为基本背景的。利他主义理论认为主体视角的自主性和差异化既是环境变量的结果，也是主体异质化的表现形式（Andreoni J.，1988）。在公共产品的私人合作供给中，决策个体间的异质性具有主导公共产品自发供给的作用，这说明在公共产品的合作供给中，个体的异质性是重要的前导变量和观测变量（Ledyard J. O.，1995）。由于选择性激励的存在，个体层面的异质性将会导致多样化和内涵丰富的个体选择。虽然个体收入、偏好、知识等方面的差异对其公共场域的合作行为的作用机理因研究样本和环境的差异而不一致，但集体行动中的个体属性与合作行为的选择之间的相关性是一致的（Fisch Bacher Urs，Simon Gachter，Ernst，Fehr，2010）。二是随着农村经济活动组织方式的变化，农村社会经济活动的场域因素也发生了深刻的变化，其中尤为明显的是农村社会组织关系的变化。"组织既是一种容器，又是容器中的内容；既是结构，又是过程；既是对人类行为的制约力量，同时又是人类行为的结果。组织为集体行动实践提供了持久的条件与力量。"（埃哈尔·费埃德伯格，2005）如果将农村社会作为一个整体化的组织或组织系统，那么不同的系统形态将会对处于系统中微观层面的组织及组织系统中的个体行为产生影响，组织结构既是个体行为的结果，也是个体行为的活动场域，对个体行为具有影响。如果说传统的农村社会是典型的熟人社会，是一种"差序格局"，那么随着农村经济社会的发展，许多新型的经济组织内生于农业部门与其他部门的经济交往，村民个体因经济社会活动的内容和场域的不同而分别嵌于不同的组织形态之中（费孝通，2012）。不同组织不同的角色和活动内容势必会对微观层面的个体带来心理上的冲突，影响其合作态度和合作行为。三是随着农村社会与外部社会之间经济、社会交往的增加，农村社区原有的封闭性被开放性所取代，以互惠为基础的合作动机或重复博弈受到了合作内容、合作对象变化的现实挑战，处于解构之中，而一次性交易所需的协调机制尚在建构之中，农村社区范围的合作机制的变化和转型无疑也会对乡村社会的合作带来影响。上述三个方面的变化对社区范围内集体合作行为的影响涵盖了个体、个体属性和合作环境，也是社会主义新农村建设过程中农民主体作用研究必须正视的问题。

如果以此为农民在社会主义新农村建设中主体作用研究的背景知识，那么农民的主体作用就使在农村社区范围内围绕农村社区性公共产品的供给合作行为演化成为一组环境约束条件下的行为主体之间的个体选择以及不同个体策略之间的互动行为。以农村社区范围的个体和个体合作的环境因素为二维视角，一般意义上的农村社区性公共产品是否还会在特定环境下的农村社区范围内自发地形成供给和合作行为，主体之间和环境差异性程度对社区性公共产品的供给数量的动态均衡的作用机理是什么不仅成为农村社区合作治理研究的理论问题，而且成为社会主义新农村建设中的农民主体作用研究的题中之义，需要重新梳理其理论视角和相关命题。

第三节 农民主体合作行为研究的二维视角

社会主义新农村建设的本质是要改善农村社区层面的公共产品供给结构，提高其供给水平。农村社区性公共产品有别于一般意义上的公共产品，具有明确的空间和利益界限。根据公共产品供给效率理论，其有效率的供给主体是受益范围内的农村社区村民家庭和家庭成员，其供给水平决定于村民家庭或村民个体在一定的组织形式下的共同合作行为，是微观层面的利益主体之间的策略互动行为。如果将农民的合作行为放在一个大尺度的历史视野和特定的环境中去考察，那么个体层面的行动单位和组织变量就必须纳入其行动系统中（李丹，2009）。现有的有关中国农民的合作行为研究的学术进路是将农民作为社会化的小农，视为其合作行为完全是基于利益计算的结果，并将社会化小农的行为与特定的社会结构密切相关作为基本预设，采用经验主义和组织分析的方法对传统的中国农村社区范围内的集体行动进行研究，其结论在"农民善分不善合"和农民"有条件合作"之间漂移，在合作内容和合作条件两个方面缺乏可信的现实解释力（曹锦清，2000；贺雪峰，2008）。农民是从事农业生产的社会个体，在古典经济学的分析范式中，农民的行为隐藏在组织和制度的假设之中。近年来，随着不完全信息和有限理性等假设的引入，农民个体的行为从中观层面的组织中分离出来，成为发展经济学和制度经济学研究的焦点。农民个体成为各种不同流派的经济学研究的分析单位，组织和制度被纳入农民个体行为的分析框架之中。农村社区性公共产品供给合作行为发生在中国农村社会的转型过程中，农村社会转型是由内生性的农业组织方式变迁而引起的，这种内生性制度变迁的直接结果是"农业的土地所有制形式，以及土地的使用规模"的组织方式的变化，其变革是一种制度创新（张培刚，1988）。受内生性制度变迁的影响，不同地区的农村社会正悄然地发生着渐进性制度变迁，渐进性制度变迁既是中国农村各种形态组织构建的动力，也是中国农村社会分化和多样性的原因。两种制度变迁共同作用于农村社会的直接结果是农村社会结构的差异化和组织的多元化。由此可见，农村社会组织结构的变化既是自然演化的结果，也是一个社会化过程，受制于主体的作用，是人为建构的结果，并在一个特定的时间和空间维度上展开，受制于农村社会各种利益群体的集体行动，始终处于动态变化之中，是建构与解构的不同组合。农村社会组织的建构与解构对行动领域中的个体的影响是双重的，其既对行动者的行为决策进行限制，形成约束，也为行动者的行动决策提供重新获取行动资源的机遇。权力、权力关系、不确定领域、集体行动的关系结构和稳定性以及行动者本身的"被构造性"共同构成了组织情境抑或组织特征，微观层面的个体将其自然或社会化的个体属性带入组织的情境中，其行为不仅建构了组织的形态，而且组织的形态也不断形塑着个体，相互之间共同作用的结果是个体利益与社会福利之间的调和，相互之间利益调和机制协调着人们之间的合作行为（Crozier, Michel & Friedberg, Erhard, 1977）。

如果将组织纳入到个体合作行为的分析框架内，那么组织属性和个体属性就具有同等重要的作用，应作同等的技术处理。更进一步，农村社区性合作行为就成为一个发生在特定的社区环境内的，围绕具体的合作内容而展开的策略互动行为。农村社区性公共产品供给合作行为发生在特定的社会环境中，是个体属性和组织情境因素的结果变量，其结果更多地表现为一种社会秩序。有关社会秩序的形成及其治理，不同的学科的学术进路有着明显的不同。在古典经济学、新古典经济学和制度经济学的研究范式中，自利的理性经济人行为的结果必然会导致公共产品和集体行动中"搭便车者"的产生，其治理措施就是要通过制度设计使"搭便车者"的成本大于利益（M. Olson, 1965）。显然，在经济学的分析框架中预设了一个拥有完整、自由意志的行动者，以经济理性的成本效益分析进行着所有的一切经济活动决策，具有低度社会化的趋势（M. Granovetter, 1985）。在低度社会化的社会中，自愿捐赠行为是不可能发生的，然而现实生活中却存在不同场域和不同程度的各式各样的捐赠行为，理论与现实的差异性说明，基于理性经济人的假设的结论对现实是缺乏解释力的。在社会学的研究范式中，"一般道德"如惯用的文化、规范、社会化在人的行为决策中发挥着至关重要的作用，个体在社会学家眼中是完全没有自由意志的行动者，完全屈服于他人的行为和社会压力，存在着过度社会化的趋势（M. Granovetter, 1985）。显然，一旦个体所属的社会及社会类型为已知，则个体的行为也为已知，个体会毫无反抗地满足他所在社会和社会类型对他的个人行为的期待，表现出惯用的文化、规范、社会化所要求的行为。在过度社会化的社会中，个体行为是可预期的、确定的，也就是说，人的行为可以通过政治、文化来建构，且表现为高度一致，这与不同个体在同一组织环境条件下所表现出来的不同行为选择的现实是不一致的。由此可见，不管是经济学的低度社会化还是社会学的过度社会化，两者都预设个体处于一种"社会性孤立"状态之中，其行为决策的组织情境因素以及行为主体之间的互动过程中的一些行为因素，要么不会对个体行为决策产生任何实质性的影响和作用，个体属性主宰着整个世界，要么个体完全失去了自我，个体行为决策完全受制于环境因素的影响和制约，游离在现实生活个体真实行为的左右两端，现实生活中的个体在不同情境状况下所表现出来的行为差异性只是个例而不是经济学和社会学一般意义上的行为表现。经济学和社会学对个体行为解释的非契合性为新经济社会学的学术研究留下了生存和竞争空间。在新经济学社会学的理论视野中，经济行为内生于社会网络中，是行为主体互动的结果，也就是经济行动本身是在行为主体的交互作用过程中做出的决定，除制度安排以外，社会网络联结是个体经济行为的解释变量，模仿他人行为与屈从于社会压力等社会性动机也在个体行为决策的要素集合之内。扎根于大理论（Grand Theory）庞杂的概念，新经济社会化萃取了一组抽象的概念，如社会网、弱连带、结构洞、个人影响、门槛效果与传播效果等并加以模型化，从而提高了其对个体行为生成机理的解释力，形成了新经济社会学的理论硬核和相应的保护带。由格拉诺维特在波兰尼理论基础上所提出的嵌入理论是新经济社会学的核心内容。在嵌入理论看来，"经济活动是社会网络内互动过程的结果"，与任何个体行为一样，所有的经济行为都有社会背景，正是这个社会背景才会对经济行为产生根本性的影响（理查德·斯威德伯格，2005）。

嵌入观点极大地调和了社会化不足和过度社会化两种对立的观点，并将个体的行为置于人际关系的互动网络中加以观察，一方面，个体的理性计算和偏好虽然发挥着作用，但其本身也会因为社会情境的不同而发生动态的变化，个体决策环境及博弈双方的行为互动会影响其行为选择；另一方面，个体之间的互动会形成一定的社会关系结构和社会秩序、组织内部的权力、权力关系和不确定性领域以及承诺，社区要素不仅是组织建构过程中的"附属物"，而且是形塑个体行为决策的重要力量。由此可见，在人类社会的集体行动中，如果将个体间的合作行为视为互动的结果，那么合作行为除受个体属性影响和制约之外，个体之间的互动模式、互动环境不仅内含在整个社会情境和组织变量之中，而且不同的互动模式、互动环境对初始合作行为的产生以及合作行为的均衡发展的机理是不同的。从这一角度分析，新经济社会学的嵌入理论以及互动观点无疑为中国农村社区范围内的公共产品供给过程中的合作行为提供了一个新的理论分析工具，是社会主义新农村建设中农民主体作用认识的基础，如图5-1所示。

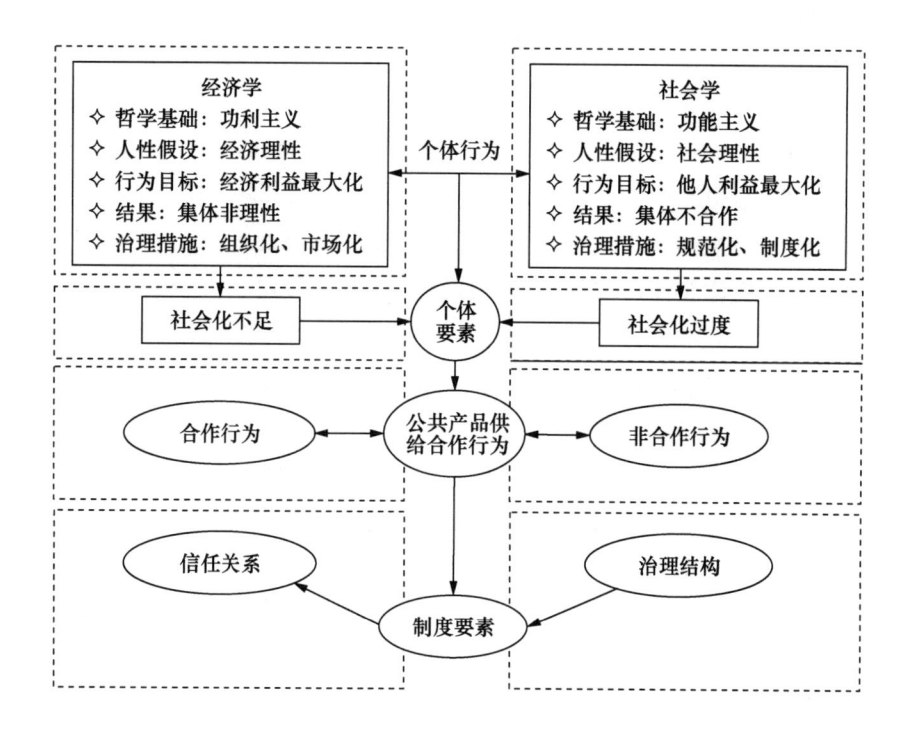

图5-1 农民主体合作行为研究的一般性框架

第四节 嵌入理论框架下的农民主体合作行为的理论命题

以新经济社会学的嵌入理论和互动观为基础，以特定时代背景下的农村社区性公共产品供给中的合作行为为社会主义新农村建设中的农民主体作用的替代变量展开相关问题研究，下列问题就包括在整个研究体系中。

一是将社区公共产品供给过程中的合作行为作为一种经济活动，个体属性与合作行为的生成关系是什么？二是如果将个体合作行为视为不同社会和组织情境的互动作用结果，那么当前农村社区的社会组织情境因素包括哪些？其中最为主要和关键的因素是什么？三是将个体的合作行为纳入组织情境中去分析，合作行为产生动态演化的初始条件和后续条件是什么？事实上，要解答上述三个问题须建构起一个农村社区范围内，个体村民或村民家庭就农村社区性公共产品供给过程中的合作行为分析的二维空间，即个体属性与社区情境因素对主体行为决策选择和行动的交互影响。

一 主体要素与农民主体合作行为的理论命题

农村社区性公共产品的供给是社会主义新农村建设过程中农民主体作用的具体体现，其过程是村民及村民家庭围绕农村社区性公共产品供给的成本、收益展开的集体行动，涵盖了个体行动决策、集体行动决策和组织实施等环节，其本质是一种微观层面的合作行为。传统的集体行动理论认为，集体行动中的个体是同质化的自利者，它们在集体行动中以效用最大化为根本目的，考虑的是自身资源配置及结果，他人在集体行动中的资源配置及配置结果并不会纳入其效用函数中而加以考虑，不会对其行为决策产生任何实质性的影响，其基本结论是集体行动通常不会在规模较大的群体中产生，从而面临着集体行动困境难题。近年来，实验经济学和实验心理学的研究表明，在一个由多个成员组成的群体中，群体成员在多个层面上表现出非匀质性,仅从偏好角度看,群体成员中不仅有自利者、利他主义者,还有公平偏好者和对等偏好者。在行为主体异质性情况下,合作行为能否生成就决定于上述不同类型的异质性个体的随机概率分布,也就是说,合作行为不是一种自然现象,而是社会建构的结果,而这种社会建构是以一定的条件为基础前提的(米歇尔·克罗齐耶、埃哈尔·费埃德伯格,2007),社会环境对建构的结果具有一定的预测作用。在一个给定的群体里,个人偏好分布与策略环境有重要的交互作用。集体行动中的合作行为不仅决定于策略选择的误差、学习效应,而且与集体行动中的个人社会偏好有关。在具有社会偏好的集体行动理论中,个体被视为具有公平偏好、道德和情绪上的对等者或利他主义者,集体行动中的个体不仅关注集体行动结果的公平,还关注产生这种结果背后的动机是否友好、友善。

社会主义新农村建设与农村社区性公共产品供给密切相关,而农村社区性公共产品供给的实质是一种合作行为,是异质性群体和个人之间的合作行为。围绕农村社区性公共产品的供给和消费,社区范围内的村民家庭将会形成利益共同体,农村社区性公共产品一旦被提供出来,它就会成为一定范围内、确定的主体之间的共享资源。共享资源的存在既是群体性合作存在的基础,也是群体性合作的结果(朱宪辰、李玉莲,2006)。行为经济理论认为,个体及个体行为发生的社会背景对个体的经济行为具有根本性影响,而社会背景是由个体层面的职业以及中观层面的组织抑或经济制度所构成的社会结构决定的,人的行为要受到社会结构的约束(A. Giddens,1979)。农村社会内部的分化程度不同决定了个体行为的结构和制度演化的路径不同,其结果是个体在整个村庄的位置结构上的差异,而这种差异反过来会带给其不同的信息利益,从而影响其行为决策(罗纳德·波特,2008)。

人是经济活动的主体,在传统的经济学研究框架内,人是理性的"经济人",是利己的,以"经济人"为基础假设的主流经济学充分满足了好理论的简约性、解释性条件①，但对现实中的利他行为以及复杂情境下群体行为中的利己与利他行为相互交织状况缺乏预测性。现有的有关群体行为中的利他行为的理论研究的解释建立在博弈框架下，其学科基础包括了生物学和社会心理学。亲缘选择理论认为，在具有血缘关系的群体中，受亲缘利他的影响，合作行为更容易产生（思拉恩·埃格特森，2004）。在互惠利他理论看来，利他行为仅仅发生在愿意实施利他行为的合作者之间。在社会心理学的研究框架中，利他行为意味着在人的偏好集合和愿望中存在着利他因素，人们在行动时会把他人的福利状况纳入自己的效用函数中加以考虑。由此可见，不同的个体属性假设会导致不同的行为预测。农村社区处于转型时期，一方面，在传统农村社区范围内，建立在个体亲缘、地缘关系上的农村社区环境决定了农村社区范围的理性个体会把他人的福利纳入自己的效用函数中加以考虑，这种思维模式也会内化为一种行为习惯，表现为一种个体偏好和基本认知；另一方面，农村经济社会的发展导致了农村社会的分化。农村社区性公共产品供给过程中的合作行为与个体偏好、个体行为动机对特定的公共产品的经济利益计算有关。农村社会阶层分化的特征决定了村民群体的职业分化，即职业分化的典型特征是收入来源的差异，这既是个体属性，也是村庄属性，影响到农村社区性公共产品供给合作行为的动态演化。由此可见，主体要素包括了个体层面和群体层面两个维度。个体层面的户主特征、家庭特征、对社区性公共产品的认知和评价与其在农村社区性公共产品供给过程中的合作行为有关；群体层面的典型特征是因职业分化而带来的收入分层化，不同收入水平的异质性群体共同构成了农村社区性公共产品供给主体，农村社区性公共产品供给本质上是具有不同资源禀赋条件的群体之间的合作行为。

二 制度要素与农民主体合作行为关系的理论命题

社会主义新农村建设发生在农村社区范围内，而农村社区性公

---

① George Stigler 认为一个好的理论应满足简约性、解释性和预测性三个条件。

第五章 社会主义新农村建设农民主体作用的理论框架研究 91

共产品的供给行为是以一定场域为基础的集体性合作行为,是一种嵌入到一定社会环境因素的经济行为,其动态均衡不仅决定于集体行动中的个体因素,而且与行为决策环境因素密切相关,是两者交互作用的结果。一般而言,从系统论的观点出发,如果将社区范围内的农村社区性公共产品的供给水平和供给结构作为经济行为和一种集体行动,那么这种经济行为在很大程度上取决于控制人们经济行为的社会和政治法规(I. Lakatos and A. Musgrave,1970)。在制度经济学的分析范式内,制度作为博弈规则是理性的政治和经济企业家设计出来的,制度是规则约束和结构安排的统一体,具有博弈规则和结构安排的二重性,也就是有什么样的制度安排就会有什么样的结构,而有什么样的结构就会有什么样的运行机制,制度安排、结构和运行机制三者共同保证了一种既有的组织形式和集体行动模式(吴玉峰,2011)。已有的研究表明,在传统的中国农村社会内部,一是在社区范围,村民家庭之间在长期交往中所形成的特殊信任和一般信任以及群体规范等非正式制度层面的场景因素维系着社区范围内的农村社区性公共产品的供给。信任结构和水平不仅降低了信息收集成本,而且可以增加个体对合作收益的期望值(Guiso, luigi;Sapienza, Paola and Zingalea, Luigi,2006)。社会规范不同于政策、法律和市场的作用机理,通过认同、尊重和声望机制作用于个体心理,从而导致了个体和参考群体一致的决策行为,对个体的经济行为具有决定作用(H. 培顿·杨,2006)。也就是说,非正式制度领域内的信任和社会规范对村民个体的合作行为具有影响。二是正式制度以及自上而下的政治权威的存在也会生成社区范围内的公共产品供给过程中的一致性集体行动。回到今天的中国广大农村,一方面,随着农村大量资源的外流,农村社区原有的熟人社会正在发生结构性演变,半熟人社会以及村民家庭之间的关系松散,家庭与家庭之间基于传统的生产、生活的互助、互惠行为活动的内容和形式正在消解,信任产生缺乏交往基础;另一方面,村民自治实施以来,由于村民自治的主体性并未得到完全的体现,来源于村庄范围以外的强权政治以及依附于强权政治的权威正在弱化,建立在传统的集体行动理论基础上的集体行动困境的治理措施包括了建立可置信的惩罚机制和自利性激励机制。虽然以社会偏好为基础的集体行动理论认为保持集体行动中的合作行为的有效措施包括促进信任、沟通、适当利用社会规范的道德力量、发挥富人的声望动机，但是这些因素的存在并不能完全改变农村社会的信任规范以及正式治理结构对村民个体合作行为影响的事实。如果将上述两个方面的农村社区的现实作为农村社区性公共产品供给的现实环境纳入农村社区合作行为的研究中，那么围绕农村现实的经济生活而形成的横向关系结构及纵向的社会治理关系就成为村民合作行为的关键环境变量，不仅人为地建构着农村社区的正式制度和规则，而且会形成个体行为的结构，从而影响个体层面的合作行为。农村社区环境的复杂性是由农村社会的转型以及国家、集体、个人的关系结构在农村社会的映射两个方面的内容构成的。农村社会的转型导致农村社区范围内的合作基础的变化，以血缘、亲缘为基础的小范围内合作正在逐渐被基于社会资本和利益的外向型合作替代。国家、集体、个体关系的不顺，致使农村社区治理权威的失信，正式组织在村庄范围内的资源动员能力弱化，瓦解了社区合作的基础。农户家庭劳动力、土地资源配置方式不同，意味着农村社区范围内的公共产品带来效益的不同，这也必然会导致同一社区性公共产品的供给带给个体效用的评价差异（Baland J. M.，Plattean J. P.，2002）。一般情况下，个体的效用函数决定于私人物品的数量，如果在一个社区范围内，农户家庭既面临着私人物品，又面临着社区性公共产品，那么其效用函数就决定于私人物品和社区性公共产品的供给数量和结构。

  农村社区性公共产品的供给合作行为发生在特定的环境中，具有个体稳定性偏好、理性选择和相互作用的均衡结构的基本内核。在制度经济学的范畴内，主体行为将会面临着特定的环境约束并拥有特定的关于环境的信息，与此同时，主体之间基于乡村记忆而形成的有关相互之间作用方式的信息和行为理解已经内化为行为主体之间的地方性知识，从而对主体的行为动机和模式产生影响。如果

第五章　社会主义新农村建设农民主体作用的理论框架研究　93

将主体行为纳入上述所谓的微观经济行为理论研究的"保护带"中加以分析和研究①，那么在农村社区环境中基于历史层面所形成的传统习俗、规范以及人们之间的交往方式都会影响到农村社区的合作行为，且在合作的内容上展现出关系的合作、任务合作等多种形态。更进一步，将农村社区环境及相关的信息、权力来源以及基于交往历史而形成的有关社会资本、获取信息的方式进行细分，农村社区信任关系、治理结构共同形成了农村社区两个重要的环境变量，并在制度层面予以呈现，成为影响农村社区性公共产品的供给合作行为动态均衡的变量。也就是说，农村社区范畴的主体之间的信任与农村社区性公共产品供给过程中的合作行为有着相关性，不同的治理结构将会改变主体在农村社区性公共产品供给过程中的成本—收益结构，从而影响其合作行为。

第五节　结论与启示

在社会主义新农村建设过程中，农民主体作用发生在农村社区范围内，是围绕村庄公共事务的共同治理而产生的合作行为。农民主体作用与农村经济社会发展、生产和生活条件改善、乡村文明、农村社区治理密不可分，是社会主义新农村建设目标实现所必需的基础条件，而农民主体的合作行为正受到个体的主观意识、个体资源禀赋和个体行为互动环境变化的影响。传统的、建立在熟人社会互惠基础上的合作治理机制面临着交往对象范围扩大、合作内容不断深化的挑战，系统地对农民主体合作行为产生的个体层面和组织

---

① 卡拉托斯（1970）将研究范式分为不变的硬核和可变的保护带。稳定性偏好、理性选择和相互作用均衡结构就构成了微观经济学范式的内核。努森（1986）则将保护带分为主体面临的特定环境、主体拥有特定的关于环境的信息和特定的相互作用方式三个部分。参见努森（1986），"Normal Science as a Process of Creative Destruction：From a Microeconomic to a Neo – institutional Research Program", The Swedish Collegium for Advanced Study in the Social Science.

层面的影响因素进行研究既是现实的需要，也是合作行为理论研究的需要。如果从主体属性和制度属性两个维度对农民主体合作行为的生成条件进行研究，提出有关主体属性和制度属性的相关命题，更进一步，从主体要素角度就包括了个体属性、群体属性与农民主体合作行为的关系；从制度要素角度就包括了信任关系与治理结构以及农民主体合作行为的关系，其基本的理论逻辑关系如图 5 - 2 所示。

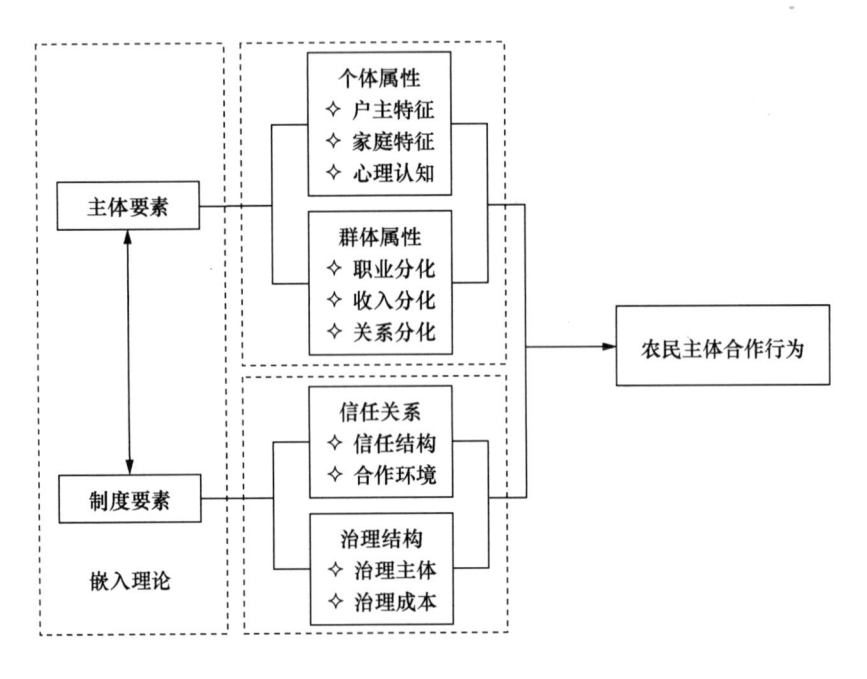

图 5 - 2　农民主体合作行为的概念模型

显然，这些理论一是需要后续研究为个体属性、群体属性、信任关系、治理结构进行界定；二是有待田野调查数据和个案的佐证；三是二维分析框架的理论正确性以及分类的科学性也有待理论逻辑的演绎推理证明。

第六章 个体属性与西南少数民族地区新农村建设农民合作行为研究

个体属性与农民参与社会主义新农村建设的合作行为有着密切关系，具有不同属性的个体形成合作群体，也形成了不同的合作类型，不同合作类型的合作行为与非合作行为具有不同的均衡状况。如果将西南少数民族地区新农村建设的农民主体界定为村庄范围内的农民个体以及由个体组成的农户家庭，且社会主义新农村建设具有公共属性，那么在西南少数民族地区社会主义新农村建设过程中，农民的主体作用则为社区范围内农民围绕社区性公共产品供给的合作行为，且为个体之间的合作，是具有不同属性的主体之间的合作，因此，个体层面的属性特征与其主体作用之间内在的逻辑关系是社会主义新农村建设中农民主体作用理应回答清楚的问题。

第一节 总体分析框架

传统集体行动理论认为，在由自利者组成的群体中，"搭便车"是自利者的占优策略和普遍行为，形成集体行动困境。集体行动困境广泛应用于现实世界中的集体行为研究。实验经济学研究成果认为，现实的世界是一个合作的世界，而合作的世界是由异质性的个体组成的，个体层面的异质性是由资源禀赋造成的。如果以西南少数民族地区社会主义新农村建设中，农民主体作用为一种合作行为，且决定于个体的合作行为与非合作行为为基本命题，且供给过程中的主体为异质性，其异质性不仅包括偏好，而且包括资源禀赋，那么西南少数民族地区新农村建设过程中的主体合作行为就是具有不同偏好和资源禀赋的个体合作均衡。

总体上，按照偏好的不同，我们可以把个体区分为利己主义者、利他主义者、对等偏好者三种类型，且选取具有典型性代表意义的合作类型，即利己主义者与利他主义者、利己主义者与对等偏好者、利他主义者与对等偏好者三种组合类型，三种组合类型的合作行为的引发机制和合作均衡有着明显的不同。在利己主义者与利他主义者的合作组合中，利己主义者将会搭利他主义者的便车，合作行为的均衡结果将保持在初始状况；在利他主义者与对等偏好者的合作中，受利他主义者的影响，合作均衡将会发生动态变化，起决定性作用的是利他主义者的行为；在对等偏好者与利己主义者的合作组合中，利己主义者的行为将会导致对等偏好者的不公平反应，从而出现不合作现象（彭长生，2007）；相对于前三种合作组合，由对等偏好者与对等主义者组成的合作组合将会出现多重均衡，起决定性作用的是合作的历史与初始状况。

资源禀赋是一个多层面的概念，既可以从人力资本的角度去刻画它，也可以从物资资源条件、自然条件和社会资本的角度去进行表述。受制度、个体、家庭等多个因素的作用，计划经济传统的乡村社会的阶级对立和集体经济时代的均质化村庄的格局已被彻底打破，以家庭为微观分析单位的农村社区已经明显异质化，不同的家庭在劳动力资源、职业、收入、家庭财富等多个维度出现明显的分化。如果以资源禀赋结构的异质化为既定事实，那么西南少数民族地区新农村建设过程中的合作行为与非合作行为就是异质化主体之间的合作与非合作行为的达成过程。如果视社区范围内主体的异质化为西南少数民族地区新农村建设合作行为研究的基本问题，那么这种异质化不仅是一种过程，而且是一种结果，其结果就表现在个体和家庭两个层面上，从个体层面去分析研究其属性与新农村建设合作行为之间的关系，个体属性不仅包括其结构性特征，而且包括其心理特征（刘辉、陈思羽，2012）。个体层面的结构性特征是由结构性要素构成的，包括个体层面的户主特征、家庭特征两个关键性要素。户主特征可以用户主年龄、文化程度、身体健康状况进行表征；家庭特征可以由劳动力结构、财富状况、农业收入、其他收入进行表征。主体的心理特征更多地基于其对新农村建设相关因素和条件的一种评价，是一个心理评价、认知、认同的过程，在认知过程中，既往的合作历史、合作主体行为、责任承担以及新农村建设情况与主体的利益关联都会影响其认知，从而影响其合作行为，其合作行为的产生过程如图 6-1 所示。

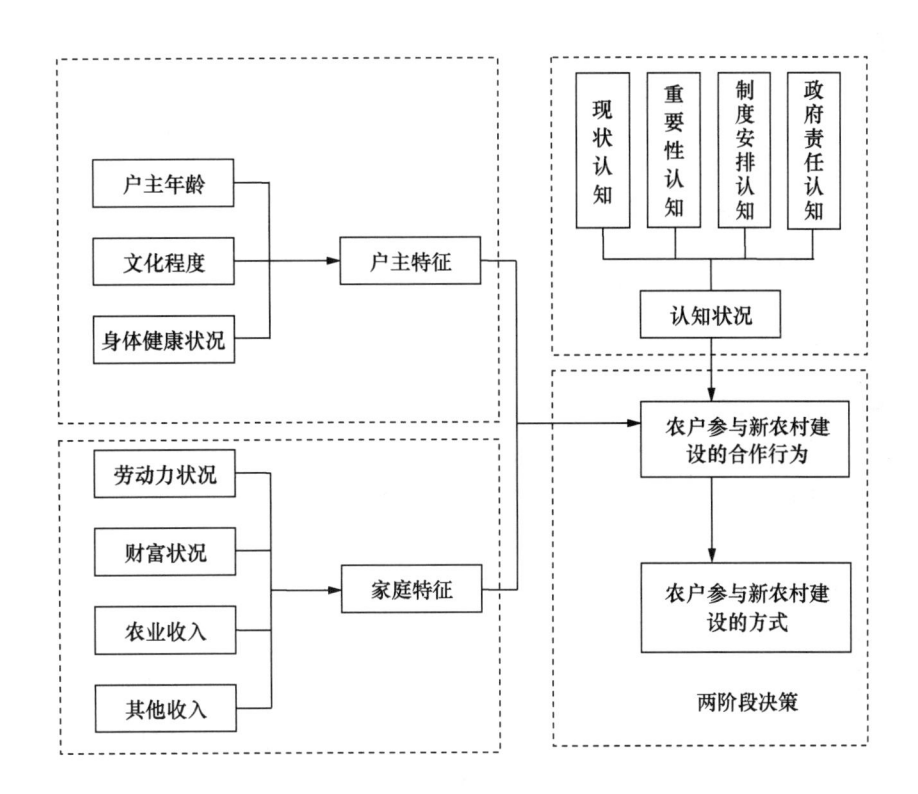

图 6-1　个体属性与西南少数民族地区新农村建设农民合作行为的关系

西南少数民族地区新农村建设是一个动机产生和行为表现的连续统一体。虽然动机产生与行为表现两者之间存在着一定程度的连续性，但两者之间却是分裂的，也就是说，有了行为动机不一定必然会有行为表现。新农村建设合作行为与非合作行为不仅涉及合作行为动机的产生，而且涉及合作行为表现，在合作行为表现这一层面上，还包括合作方式，即在社会主义新农村建设过程中，农民是以什么样的方式参与的问题，是一个两阶段的投资决策行为。在现行的新农村建设过程中，其合作决策方式通常采取"一事一议"的方式，在村委会或其他组织的统一领导下，以投工、投劳和投资的方式来完成。因此，投工、投劳或投资就成为新农村建设过程中农民主体作用发挥的两种主要合作方式。

第二节 理论假设

一 农户户主个人特征方面

家庭是微观层面的农村社区细胞，在农村社区的经济社会发展过程中扮演着重要的角色。户主在传统的中国农村家庭中具有举足轻重的作用，既是农村家庭的核心成员，也是家庭资源配置的关键管理者。农村家庭户主的年龄、文化程度、身体健康状况三个变量是个体层面的人力资本的构成要素，反映了户主的个人特征。一般地，随着农户户主年龄的增长，其与农村社区的关联性也在不断增加，村庄记忆会不断地累积，情感性因素会增加。在开放流动的社会环境条件下，户主年龄的增加，尤其是到了一定年龄后，其离开农村社区的机会越来越少，且机会成本也越来越高。如果说社会主义新农村建设会改变所有社区成员的社会福利状况，那么这种社会福利对年龄较长的户主而言更为直接，其在社会主义新农村建设过程中更容易表现出善意的合作行为。户主文化程度对其合作行为的预测作用不明显，一方面，户主文化程度与其学习能力密切相关。社会主义新农村建设将会改善农业生产条件和农村生活条件，两者均会带来要素收益率的改变，户主文化程度越高，其学习能力越强，更容易准确地衡量社会主义新农村建设带来的机会和收益，其是否合作就决定于合作的内容和社会主义新农村建设内容带来的经济和社会福利。在开放的条件下，户主文化程度越高可供其选择的各种机会越多，选择机会的增加将会导致其收入的增加，收入的增加相对提高了在社会主义新农村建设过程中采用投劳合作方式的成本，因而，越可能以出资为主的方式参与到新农村建设的各项事务中。另一方面，在当前的劳动力市场中，农民的文化程度具有能力的显示功能，文化程度越高越有可能从事收入较高的产业，尤其是在城市的工业部门寻求到职业，从而失去了与农业生产和农村社区生活的关联，在社会主义新农村建设中的合作行为可能更少。户主身体健康是重要的人力资本，身体健康状况越差，其离开农业部门和农村社区生活的可能性就越小，主要从事农业生产和在农村生活，对农村社区性公共产品的依赖性越强。综上所述，我们提出以下假设：

假设1：户主特征与其在社会主义新农村建设过程中的合作行为和合作方式选择存在着相关性。户主年龄与合作行为呈正相关；文化程度与合作行为关系不确定；身体健康状况对合作行为的预测作用不确定。

二　农户的家庭特征方面

家庭劳动力、资金、收入结构的比重构成了一个农户家庭与另一农户家庭的区别，反映了农户家庭的特征。预期家庭资金越充足、劳动力越短缺，农户参与新农村建设的合作意愿越强，且选择以出资方式参与新农村建设的可能性越大。农业收入占家庭总收入的比重既是一个结构变量，也反映了家庭与新农村建设情况的内在关联。农业收入比重越高的农户在新农村建设过程中更容易表现出合作行为，但对投入方式不具预测作用。近年来，国家加大了对农业生产的财政补贴，国家对农业生产的财政补贴的政策目标就是要提高农民的粮食生产积极性，保证国家层面的粮食安全。财政补贴政策对微观层面的农户家庭的直接影响就是从总量上增加其家庭收入，在结构上增加其家庭收入来源渠道。这种收入增加效应必然会影响到以家庭为单位的新农村建设的合作行为，财政补贴占家庭收入比重越大，越能激发农户家庭的新农村建设合作行为，并影响其合作方式选择。综上所述，我们提出以下假设：

假设2：家庭特征与农民在社会主义新农村建设中的合作行为具有相关性。家庭劳动力状况越充足，越容易表现出合作行为，更愿意选择投劳的合作方式；家庭资金状况越充足越容易表现出合作行为，更愿意选择投资的合作方式；家庭农业收入占比越大，越容易选择合作行为，对合作方式选择没有预测作用；财政补贴与合作行为呈正相关，财政补贴越多，家庭越容易选择投资的合作方式。

三 农民的认知状况

农户对现阶段社会主义新农村建设整体状况的评价、新农村建设对农业生产和农村生活的重要程度、新农村建设成本的分担制度安排、政府对新农村建设的配套性投入的认知影响和制约着其参与新农村建设的合作行为。若农户认为现阶段社区范围内的基础设施无论是在结构上还是在数量上均能够满足其农业生产和农村生活的基本要求，则其在新农村建设过程中表现较为被动，存在着较弱的合作意愿。若农民认为新农村建设所发展的基础设施是农业生产和农村生活必不可少的条件，则其在新农村建设过程中具有比较高的热情，更容易表现出合作行为。若农户认为新农村建设的主体是地方政府，其建设的成本应由基层政府承担，则他们将会在新农村建设过程中滋生消极和抵触情绪，出现不合作行为。目前，政府在新农村建设过程中的责任承担的界限较为模糊，这种模糊性表现在其投资主体和管理主体的角色错位。作为投资主体，政府通常以项目的方式参与到新农村建设过程中，在财政资金紧张和社区范围内公共产品需求面广、量大的双重约束下，地方政府往往采用财政项目拨款加自筹的方式进行。一般地，在项目投资成本一定的情况下，财政资金越多，农户表现出的合作行为越弱。政府的财政资金投入更多的是一种引导性投入和示范性投入，它表明获得财政性资金投入新农村建设的重要性，这种重要性也可能唤起村庄范围内新农村建设主体对项目本身重要性的认知，从而激发起其合作行为。根据上述理论研究，在新农村建设过程中，我们提出在个体属性与其在新农村建设过程中的合作行为有关的前提下，从户主特征、家庭特征、认知状况三个维度做进一步细化。综上所述,我们提出以下假设。

假设3:农户对社会主义新农村建设的认知状况与其合作行为相关。农户对社会主义新农村建设现状评价与合作行为呈负相关,对合作方式没有预测作用;农户对新农村建设的重要性评价与合作行为呈正相关,对合作方式没有预测作用;农户对新农村建设制度安排的认知与合作行为呈正相关,更容易选择投劳的合作方式;农户对政府责任评价与合作行为呈正相关,更容易选择投劳的合作方式。

第三节 调查样本的描述性统计分析

一 数据来源

研究数据源于对西南少数民族地区新农村建设中的农民主体作用的田野调查。调查时间为2009年10月—2010年9月,历时12个月,样本数据来自在四川、云南、贵州、广西四地的实地调查,包括7个县,21个村,涉及村民小组245个,农户1678户,人口6672人。为保证样本的科学性,结合研究问题,在样本选取过程中我们综合考虑地理位置、区域经济发展水平和民族差异等因素,被调查农户既包含汉族,也包含苗族、彝族、壮族、布依族、傣族等少数民族。在调查和样本数据收集过程中,我们首先走访县农业部门、乡人民政府主要农村工作负责人,了解掌握基本情况。其次,在乡人民政府负责人的帮助指导下,在每个乡随机选取了3个村。最后,进村后与村民委员会负责人进行对接。采取发放问卷、实地走访座谈相结合的形式进行调查,共发放问卷1360份,收回问卷1028份,有效问卷798份,有效问卷回收率为58.7%。

二 样本农户的基本特征

如表6-1所示,一是被调查农民的平均年龄为48岁,其受教育程度主要是小学和初中,近90%的受访农民认为自己的身体一般或健康，多数农民较满意自己的身体健康状况。二是被调查家庭的人口数平均在 5 人左右，而成年劳动力不足 3 人，家庭人口的劳动负担较重；31.2% 的受访农民认为在家庭农业生产中经常存在着劳动力短缺的现象，40.2% 的受访农民认为自己家庭存在现金收入低。三是农业收入占农户家庭总收入的比例正在逐年下降，多数家庭的收入为非农收入，农业收入经济重要性正在弱化。四是财政补贴的农民增收作用不明显，激励农民从事农业生产的作用有限。

表 6-1　　　　　样本农户基本特征的描述性统计

	题项	户数	比例（%）		题项	户数	比例（%）
被调查户主受教育程度	文盲	54	6.8	家庭资金不足状况	不存在	141	17.6
	小学	225	28.3		较少存在	336	42.2
	初中	336	41.9		经常存在	321	40.2
	初中以上	183	23	农业收入占总收入的比重	10% 以下	84	10.6
被调查户主的健康状况	健康	420	52.6		10%—30%	258	32.4
	一般	285	35.7		30%—50%	222	27.7
	差	93	11.7		50% 以上	234	29.3

三　解释变量的描述性统计分析

在对实地调查数据进行统计分析的基础上，各变量的描述性统计分析结果，如表 6-2 所示。

表 6-2　　　　　变量选择与统计分析结果

变量名称	变量含义与赋值处理	均值	标准差
户主特征			
户主年龄（x_1）	户主年龄（岁）	45.2	16.89
文化程度（x_2）	文盲=0，小学=1，初中=2，初中以上=3	1.91	0.82
身体健康状况（x_3）	差=1，一般=2，健康=3	2.31	0.81

续表

变量名称	变量含义与赋值处理	均值	标准差
家庭特征			
劳动力状况（x_4）	严重不足=1，不足=2，充足=3	1.91	0.67
财富状况（x_5）	经常存在短缺=1，较少存在短缺=2，充足=3	1.77	0.63
农业收入占家庭收入的比重（x_6）	10%以下=1，10%—30%=2，30%—50%=3，50%以上=4	2.76	1.13
财政补贴占农业生产投入的比重（x_7）	5%以下=1，5%—10%=2，10%—15%=3，15%以上=4	1.48	1.22
认知状况			
新农村建设现状评价（x_8）	较差=1，一般=2，较好=3，很好=4	1.79	0.77
新农村建设重要性评价（x_9）	不重要=1，一般=2，较重要=3，很重要=4	3.61	0.67
新农村建设制度评价（x_{10}）	自己承担=0，地方政府=1	0.83	0.36
政府投入情况评价（x_{11}）	没有=1，有，但很少=2，有=3	1.87	0.69

第四节 回归分析

一 方法选取

农户参与新农村建设的合作行为是由两阶段行为组成的。第一步是农户决定是否有参与新农村建设的合作行为意愿，第二步的合作行为是农户决定以何种方式参与到新农村建设的合作中去，也就是以一种什么样的方式参与到新农村建设过程中去。总体上，在现实的新农村建设过程中，合作方式是多个层面的，本书简单地将其界定为投工、投劳和投资三种方式。本书采用 Heckman 两阶段决策模型对西南少数民族地区农户在新农村建设过程中的合作行为进行分析。显然，两个阶段的决策具有内在的关联性，第一阶段的决策是第二阶段的条件，现假设农户在第一阶段的"非合作行为为0，合作行为为1"，其函数表达式为：

农户参与新农村建设的合作行为 = F(户主特征，家庭特征，认知状况，随机扰动项1)；合作方式 = F(合作行为 = 1；户主特征，家庭特征，认知状况，随机扰动项2)。

二 理论模型建立

在合作行为产生的基础上，合作方式的选择则为0—1变量，现假定"以投工、投劳为主的合作方式 = 0，以投资为主的合作方式 = 1"，合作方式为二分类变量。本书选择建立二元 Logistic 模型来分析研究西南少数民族地区农户在新农村建设过程中的合作行为和合作方式的影响因素。

$$p_i = F(\alpha + \sum_{j=1}^{n}\beta_j x_{ij}) = 1/\{1 + \exp[-(\alpha + \sum_{j=1}^{n}\beta_j x_{ij})]\} \quad (6-1)$$

对式（6-1）取对数，得到 Logistic 回归模型的线性表达式为：

$$\text{Ln}\left(\frac{p_i}{1-p_i}\right) = \beta_0 + \beta_1 x_{i1} + \beta_2 x_{i2} + \cdots + \beta_j x_{ij} + \cdots + \beta_m x_{im} \quad (6-2)$$

在式（6-1）和式（6-2）中，p_i 为合作行为和合作方式发生的概率，在第一阶段的决策行为中，p_i 是指农户参与新农村建设合作行为产生的可能性，即事件"合作行为 = 1"发生的概率；在合作方式选择决策中，p_i 表示以投资为主的方式参与新农村建设过程中的合作行为发生的可能性。$x_j (j = 1, 2, 3, \cdots, m)$ 表示第 j 个因素中的自变量，m 为自变量的个数。β_0 为常数，$\beta_j (j = 1, 2, 3, \cdots, m)$ 为自变量回归系数。

三 模型估计结果

本书采用 SPSS 17.0 统计软件对西南少数民族地区农户在新农村建设过程中的合作行为的影响因素进行 Logistic 回归分析。从模型的回归结果来看，两阶段模型分析的准确率分别达到 87.3% 和 88.4%，卡方检验值分别为 248.80 和 31.84，调整后的 R^2 分别为 0.79 和 0.44，具有理想的回归分析效果,其估计结果如表6-3所示。

表6-3　　　　　　　合作行为模型估计结果

变量	第一阶段:合作行为			第二阶段:参与方式		
	估计系数	Wald值	发生比例	估计系数	Wald值	发生比例
户主特征						
户主年龄 (x_1)	0.0198	0.172	1.123	0.0412*	2.566	1.035
文化程度 (x_2)	1.621*	2.914	3.742	1.392***	17.014	3.886
身体健康状况 (x_3)	0.516*	2.372	1.745	-0.723**	3.513	0.621
家庭特征						
劳动力状况 (x_4)	-1.166**	4.492	0.364	0.043	0.009	1.119
财富状况 (x_5)	1.572	1.234	0.342	-0.192	0.243	0.893
农业收入占家庭收入的比例 (x_6)	0.545*	2.802	0.573	0.171	0.589	1.125
财政补贴占农业生产投入的比重 (x_7)	0.531*	2.515	1.712	0.410*	2.812	1.512
认知状况						
新农村建设现状评价 (x_8)	-3.215***	8.121	0.072	—	—	—
新农村建设重要性评价 (x_9)	1.891***	10.276	6.612	—	—	—
新农村建设制度评价 (x_{10})	-1.724	1.794	0.182	—	—	—
政府投入情况评价 (x_{11})	0.371	0.243	1.494	0.236	0.485	1.262
常数项	3.183	1.192	23.981	-5.146**	5.910	0.010
预测准确率	87.3%			88.4%		
对数似然值	64.372	130.375				
样本数量(户)	798			676		
愿意合作的样本比例	84.7%	—				
以投资为主的样本比例	—	26.8%				

注:*、**、***分别表示在10%、5%、1%水平上显著。

第五节 结果分析

一 农户户主的特征对农户参与新农村建设合作行为的影响

1. 西南少数民族地区，户主年龄对合作行为影响不显著，对合作方式有显著的正向影响，户主年龄与新农村建设合作行为关系不显著的合理解释与农村家庭之间异质性有关。在合作方式模型中，户主年龄与合作方式选择通过了10%统计水平的显著性检验且其系数为0.0412，户主年龄与选择出资的合作方式呈正相关，这一统计结果的合理解释是在广大西南少数民族地区，一是农村的大量留守老人的经济收入的主要来源是子女外出务工收入的接济，且经济状况较以前有了巨大的改变，有较强的可支配能力；二是随着年龄的增加，其改变农村生产、生活设施的意愿更加强烈，也更愿意为农村的生产、生活的改变做一些自己力所能及的工作；三是年龄较长的户主普遍比较重视自身在农村社区中的声誉，在合作过程中表现出合作行为。

2. 西南少数民族地区，户主文化程度对农户的合作行为以及合作方式都有显著的正向影响。在第一阶段决策模型中，文化程度通过了10%统计水平的显著性检验且系数为1.621，表明农民文化程度越高，其在新农村建设过程中所表现出的合作行为越强，与预期相符。在文化程度为"文盲"的样本中，在新农村建设过程中表现出合作行为的人数为47%；文化程度为"小学"的比例为73.4%、文化程度为"初中"的比例为80.5%、文化程度为"初中以上"的比例为91%。在合作方式模型中，解释变量通过了1%的显著性检验，说明西南少数民族地区，文化程度越高的农民越愿意以投资方式参与到新农村建设过程中。统计结果显示，在愿意以投资作为合作方式的样本中，文化程度为"初中"及"初中以上"的农民占到了65.3%，这与西南少数民族地区农村的劳动力成本相对较低、外出务工工资大幅度提高的现实基本相符。

3. 西南少数民族地区，户主健康状况对农户的新农村建设过程中的合作行为有显著的正向影响，而对农户的合作行为方式有显著的负向影响。第一阶段模型中，农民身体健康状况通过了10%统计水平的显著性检验，其可能的解释是农业生产是典型的劳动力密集型产业，劳动强度大，身体健康的农民具有劳动力比较优势，其可能经营的农田面积大，家庭收入对农业生产的依赖性强，对新农村建设所带来的生产、生活条件的改善内在动机强烈；身体健康状况较差的户主，他们的合作行为受制于个人劳动能力、经济条件等多种因素的影响，可能表现出较为矛盾心理，对新农村建设成本较为敏感，对成本的担心可能会导致其不合作行为的产生。在身体健康的农民样本中，表现出合作行为的人数占80.4%，在身体健康状况差的农民样本中，表现出合作行为的人数仅占55.4%，比身体健康者少了25个百分比。在合作方式模型中，解释变量通过了5%统计水平的显著性检验且其系数为-0.723，表明户主身体健康状况越好越会选择以投工、投劳的方式参与新农村建设。

二 农户家庭特征与农户参与新农村建设的合作行为

1. 家庭劳动力状况对西南少数民族地区农户在新农村建设的合作行为有显著的负向影响，但对农户的合作方式选择无显著影响。在合作行为模型中，家庭劳动力状况通过了5%统计水平的显著性检验且其系数为-1.166，劳动力缺乏与新农村建设过程中的合作行为呈正相关。新农村建设可以在一定程度上改善农业生产条件，给农村生活带来便利，可以减轻农业生产的劳动负担，降低农业生产的劳动强度，可以较好地弥补家庭劳动力供给不足，改善家庭劳动力短缺给家庭带来的不利。在合作方式模型中，这一变量影响不显著，其可能的解释：一是在相对贫困的西南少数民族地区，家庭劳动力短缺往往与贫困联系在一起，劳动力短缺的农户生活贫困，收入约束严重，那么在合作方式的选择中，只能选择以投工、投劳的合作方式参与新农村建设；二是对于家庭劳动力充足的农户，其合作方式的选择决定于其家庭的劳动力在农村农业部门和城市工业部门的配置状况，如果其家庭劳动力主要在非农部门就业，那么以投资的合作方式参与到新农村建设过程中去可以较好地解决非农就业与新农村建设的时空错位的矛盾，不失为一种理性策略行为。

2. 资金状况对西南少数民族地区农户的新农村建设合作行为以及农户的合作方式影响不显著。在合作行为模型中，农户的资金状况没有通过显著性检验且其影响方向不确定。一是若农户的资金状况虽然较为充足但仅是在满足农户家庭基本生活开支状况下的充足，那么受到资金供给的约束，农户选择合作行为的可能性就会降低；二是若农户家庭资金的充足状况达到较高水平，除满足各种日常开支外还有结余，那么农户家庭就可以利用充裕的资金进行非农方面的投资，农户不仅拥有更多的机会选择，且这些选择会进一步增加个人收益、提高生活水平，同时也会因选择而降低与农业生产和农村生活的关联，从而降低新农村建设带给其的预期价值，影响其合作行为。在合作方式决策模型中，家庭资金状况没有通过显著性检验，原因一是受自身"小农意识"的影响和制约，农户家庭对现实收入具有强烈的偏好，资金的多少对不同农户以何种合作方式参与到新农村建设合作行为的影响存在差异。二是家庭资金状况与农户家庭的劳动力配置的空间分布有关，以城市的非农部门为主的配置结构其本身就有可能会弱化新农村建设利益关系而出现与其经济状况不符的行为表现。

3. 农业收入占家庭收入的比重对西南少数民族地区农户的新农村建设合作行为影响显著，且相关系数为0.545，但对农户的合作方式选择影响不显著。在第一阶段决策模型中，农业收入的占比通过了10%统计水平的显著性检验，其含义是农业收入的占比越大，农户在新农村建设过程中越容易选择合作行为。在样本统计中，农业收入占比在60%以上的农户，在新农村建设过程中的合作行为的比例达到80%；而这一比重为30%—50%、10%—30%和10%以下的农户，在新农村建设过程中的合作行为则依次只占71.3%、62.1%和58.2%，呈逐渐递减的态势。在合作方式选择模型中，农业收入占比对合作方式选择的影响不显著，其可能的解释是农业收入占比并不能够反映农户的家庭财富状况和可支配收入状况，因而对农户的合作方式选择行为的影响有限。

4. 财政补贴占农业生产投入的比重对西南少数民族地区农户的新农村建设合作行为及合作方式选择均有显著的正向影响。财政补贴占比通过了10%统计水平的显著性检验且其系数为正，说明财政补贴占农业生产投入的比例越大，农户越倾向于参与新农村建设，并表现出合作行为，且在合作方式上倾向于以投资为主。财政补贴可以理解为政府对农业生产和农村生活的一种转移支付，是一种政策性的引导性投入，比例大小对农户的家庭收入影响明显，有着直接和间接效应。一方面，财政补贴可以即期增加农民收入，表现为一种现实性收入；另一方面，财政补贴具有激励效应，有着导向性作用，可以激发农户的投资行为。

三　认知状况与农户参与社会主义新农村建设的合作行为

1. 西南少数民族地区，农民对新农村建设整体状况的评价与农户新农村建设合作行为呈负相关，相关系数为 -3.215。农民对新农村建设的现状评价通过了1%统计水平的显著性检验，表明农民对现阶段自己所在社区的新农村建设整体状况评价越好，其在新农村建设过程中越难表现出合作行为。在样本数据中认为新农村建设整体状况"较差"和"一般"的累积比例达到85.1%，这些样本群体在新农村建设过程中的合作行为分别占95.9%和85.9%，希望通过共同努力来改变农村社区的生产、生活条件的愿望强烈；认为新农村建设"较好"的合作行为比例仅占65.3%，认为"很好"的合作行为为61.7%，明显低于前部分样本群体，下降趋势明显。

2. 西南少数民族地区，农民对新农村建设重要性的评价显著影响农户的新农村建设合作行为，通过了1%统计水平的显著性检验，且相关系数为1.891，说明如果农民认为新农村建设对农民生活和农业生产越重要，那么其在新农村建设过程中更容易表现出合作行为。调查样本数据显示，西南少数民族地区，有85%左右的农民认为新农村建设对农民生活和农业生产"比较重要"和"很重要"，选择合作行为的比例达到90%，反映了受访农民都认识到了新农村建设对农民生活和农业生产的重要性的客观现实，并表现出与其对新农村建设重要性认知相一致的合作行为，说明了新农村建设具有合作建设的群众基础。

3. 西南少数民族地区，新农村建设制度安排评价没有通过显著性检验，对农户在新农村建设过程中的合作行为的影响不显著。有82.1%的农民认为，政府应在新农村建设过程中发挥作用，在资金投入和组织供给两个方面有所作为，但在被问及"以后是否会在新农村建设中给予积极性配合"时，有93.6%的农民表示愿意接受。农民对新农村建设制度安排的评价对合作行为影响不显著的原因可能是：一，新农村建设的"准公共性"特征内生了"搭便车"的行为动机机会主义，特别是随着农村社会的对外开放和资源流动性增强，新农村建设对农民以及农户家庭的关联性和重要性在农户群体中发生了分化，其结果必然会导致行为的不统一；二，虽然政府投入的相关建设资金有限，难以让农民感到满意，但考虑到新农村建设对自身的重要性，且政府的有限投入可以部分地减轻其经济负担，因此，在新农村建设过程中表现出合作行为。

4. 西南少数民族地区，政府投入情况评价没有通过显著性检验，对农户新农村建设合作行为以及合作方式的影响不显著。其可能的解释与政府的投入方式和组织方式有关，一方面，如果政府采取以资金投入的方式参与新农村建设，农民就会产生"搭便车"的行为动机，降低其合作行为；另一方面，如果政府加强对新农村建设政策的宣传，引导农民参与到新农村建设的过程中，在宣传、教育的过程中，农民的主体地位将会得以体现，主体意识将会增强，其合作行为更容易出现。在第二阶段决策模型中，农民对政府的投入认知对农户在新农村建设过程中的合作方式选择影响不显著的原因可能是，随着农民收入结构的变化、农民收入的增加，农民的可支配收入明显改善，农民均愿意以投资的合作方式参与到新农村建设的供给过程中去。

第七章　社会分层模式下西南少数民族地区新农村建设农民合作行为研究

　　本章以社会分层理论为基础，以农村社会内部的结构分化为现实背景，并以收入作为关键性变量来描述新农村建设过程中主体的集体属性，系统地研究群体属性与西南民族地区新农村建设的合作行为之间的关系。虽然西南少数民族地区的市场化进程滞后于经济发达地区，但在农村社会内部，随着家庭资源要素配置结构的不同，少数民族村落内部也出现了职业的不同，因职业不同而出现的与农村社会公益事业的内在关联的差异而产生的主体异质性对社会主义新农村建设有着密切相关性。本书按照职业可以分为农业经营者、非农经营者以及兼业者，三者在社会主义新农村建设和农村社区范围内的基础设施的主体利益方面存在差异，这种主体利益差异性共同构成了新农村建设的群体属性，与合作行为的产生之间存在着内在关联。本章以它们之间生产、生活方式的不同为问题分析的基本假设，对不同行为主体在西南少数民族地区社会主义新农村建设中的合作行为与非合作行为产生的条件进行了研究，从新的角度对微观层次的新农村建设中的农民主体作用与制度安排的有效性前提进行了理论探讨。

第一节　新农村建设合作行为群体属性的界定

　　中国急剧现代化和重大制度转型打破了原有的相对均等化的社会结构，社会结构的阶层化日益明显，阶层分化现实以及由阶层分化是否会导致阶层意识和冲突的产生已经成为人们关注的理论和实践问题（刘精明、李路路，2005）。在中国的二元结构社会中，相对于城市而言，尽管农村的社会变迁更为深远，其分层化也十分明显，然而中国农村社会分层及分层结果并未引起理论研究的重视。结构主义认为一个社会阶层是基于客观位置而形成的，决定于阶层的位置、职业地位、教育水平、财产和收入、权力等（Blau P. & Dancan O. D., 1967; Featherman D., Jones F. & Hauser R., 1975）。现有的理论研究集中在农村社会阶层分化结构的认识和阶层分化的机制分析或是两者的综合（万能、原新，2009）。对于农村社会分层机制分析，阐明社会分层结构与不同阶层在社会中的可见行动方式之间的关系是社会分层研究的首要任务（Erikson and Goldthorpe, 1992），后者对中国农村社会的稳定与和谐发展更具现实意义。社会分层理论认为个体的阶层地位不同会导致其生活方式、态度和行为的不同。社会的不平等不仅塑造了人们的投票行为和他们的态度，还塑造了政治参与的各个方面（Hout Michael, Cleam Brooks & Jeff Manza, 1993）。显然，社会阶层结构是一种决定个人或家庭的阶层利益的社会关系结构，而阶层的形成则是在一种既有的阶层结构中，由结构决定利益基础而形成的组织化的集体行动，也就是说，只要存在阶层结构就会形成不同的集体行动方式。

新农村建设的结构和水平与自然村落农户家庭的生产、生活密切相关，事关"三农"问题，是在一系列制度安排下，村民基于自身社会阶层利益而出现的合作与非合作行为的结果。村民的行为动机是基于社会主义新农村建设的公共利益，也就是说，围绕社会主义新农村建设，同一自然村落的村民将会形成一个利益集体或利益集团（刘精明、李路路，2005）。社会主义新农村建设水平决定于不同农村社会环境中的农民合作动机和合作能力。随着农业生产方式由集体经济向以家庭为经营单位生产方式的转变，在西南民族地区的任何一个自然村落内，原有的封闭社会因农村的市场化改革和制度的变迁而得以被社会流动机制所替代，因不同的要素禀赋结构和配置效率的差异，农村社会已由均等化的社会结构向阶层分化转变，发生了社会分层。农村社会分层的典型特征是在同一自然村落的不同农户家庭之间在经济、政治、文化、社会、荣誉、公民、个人资产、资源和有价实物上有了明显的差异。农村社会分层是否会在西南少数民族地区农村社会内部形成不同的利益集团,这种利益集团的广泛存在是否会影响到其在社会主义新农村建设过程中的社区合作行为,基于公共利益的社区合作行为和不合作行为产生的条件是什么等问题是西南少数民族地区社会主义新农村建设中必须回答的理论和现实问题。现有的理论研究从农村的社会属性角度对农村社区内的合作与非合作行为给予了解释,他们认为农村社会是一个半熟人社会。以半熟人社会为背景而形成的公正观是基于与他人收益的相互比较,受这种公正观的支配,人们行动选择是向外的,而不仅局限于自己所得到的实际好处,不是自身利益计算的结果,是根据与他人收益的比较来权衡自己的行动。农民特有的公正观无法制约集体行动中个别极端的少数,因而就无力解决新农村建设过程中的"搭便车"行为,而这种"搭便车"行为的存在会侵蚀公共利益,农村社会的原子化程度就会越来越明显(贺雪峰,2007)。然而回到西南少数民族地区农村社会的现实,我们却发现在农村社会内部广泛地存在着农村社区范围内基础设施的自发供给行为,显然,以农村社会的社会属性来解释西南少数民族地区新农村建设主体的合作行为和非合作行为是不全面的,难以反映农村社会的客观现实。本章立足于农村社会分层现象这一客观现实,以职业为分层依据,并结合行为主体生活空间特性,简单地将西南少数民族地区新农村建设主体区分为农业劳动者、非农劳动者和有别于这两个群体的第三类群体。且在不同农村社区内,三个群体在数量结构上存在差异,在同一农村社区范围内基础设施的供给中存在着群体利益上的差异,因此,现实的新农村建设主体作用实则为一种行为表现,即一种在道德、文化等非经济因素与经济因素共同作用框架下异质性行为主体之间围绕社会主义新农村建设过程的农村社区范围内基础设施的供给利益而展开的行为博弈。以此作为西南少数民族地区新农村建设过程中的合作行为与非合作行为发生条件的研究基础,回答了在农村社会分层条件下的农村社区合作行为与非合作行为产生的条件是什么这一西南少数民族地区社会主义新农村建设中亟须回答的现实问题。

第二节　群体属性与新农村建设合作行为的关系分析

随着市场化改革的深入和农村经济社会的发展、转型，一方面，以熟人社会、封闭型为典型特征的传统农村社区形态正在逐渐消解，传统村庄社会内部成员之间的社会关联度大为降低，农民原子化趋势明显；另一方面，农村家庭承包经营责任制的实施，以家庭为基本生产经营单位的农户在获得农业劳动剩余支配权的同时，也获得了其家庭内部资源的合理优化配置的决策权，受农业部门与非农部门劳动生产率差异以及农业部门内部不同资源配置方式的生产率的不同所产生的企业家机会引力的拉动作用，家庭内部剩余劳动力资源在不同产业部门的配置分布，以及其与土地资源的配置结构不同必然会导致农村社会内部农户家庭之间在职业上的分化。在改革开放早期，农村社会就出现了农业劳动者、非农雇工、个体经营者、私营企业主、集体企业管理者、村队干部、县级干部阶层（Walder Andrew，1996）。经典的公共产品理论认为，不同受益范围和具有不同技术属性的公共产品的有效率供给是以供给主体的信息分布结构为基础的，农村社区性公共产品受益范围和空间地理具有确定性，参与人之间存在着自愿交换的想法，且这种自愿交换会产生帕累托效率的结果（詹姆斯·M.布坎南，1989），其有效率的供给制度设计和安排是由社区内的居民共同提供的。如果以经典的公共产品有效率供给理论为新农村建设中农村社区范围内基础设施的供给制度绩效分析的基本出发点，那么供给主体行为就成为新农村建设分析的关键，而主体行为产生的背景是整个问题分析必不可少的重要组成部分。显然，在一个空间范围相对有限，参与人数明确且相互之间信息分布对称的农村社区内，新农村建设由社区范围内的居民共同参与，在理论上既是可行的，也是有效率的，然而，农村社区范围内基础设施的供给在现实的中国农村社区内部却很难成为传统农村社区范围内的自发行为，新农村建设出现了"三难"（刘鸿渊、史青，2007）。关于新农村建设过程中"三难"的原因，广大学者分别从社区信任缺失、农村社会精英作用弱化、农民特有的公正观和农民的行为方式背后的思维逻辑等方面给予了解释，研究的基本出发点是将新农村建设主体行为放在一个特定的信任结构、农村社区治理过程中精英的引领作用和公正价值观的分析框架内，对其合作行为和非合作行为产生的条件进行了研究，丰富了人们对转型时期中国农村社区的认识（肖唐镖，2006；刘鸿渊、史仕新、陈芳，2010）。事实上，在新农村建设过程中，各参与主体的行为是主体行为之间互动影响的结果，其行为方式既决定于其特有的价值观、思维模式和行为动机，是三者互动反应的函数，也与特定的行为主体在一个特定的社区范围内的特定阶层位置、职业特性有关，也就是说，在同一农村社区范围内基础设施的供给利益与不同阶层的现实价值与预期价值存在差异的客观现实中，按照总成本在村民中进行平均分摊，虽然具有操作层面上的简便性和经济性，但却存在着对异质性村民群体进行同质化处理而不可避免的公平性问题，这一潜在的逻辑是否会对新农村建设主体行为产生影响，现有理论研究并没有给予足够重视。在快速工业化进程中，市场因素已经渗入农村社会的多个领域，农村的社会结构和阶层分化势必会对村民的个人行为动机和行为方式产生影响。因新农村建设而形成的村民组织是自利行为驱动的准社会组织，它是由村民和具体的新农村建设决策组织者共同组成的，在这个准社会组织内，个体层面的行为动机、行为方式既决定于组织的集体利益，也决定于其他利益群体的互动作用，而农村社会分层的现实决定了不同阶层对新农村建设的需求结构会因利益的不同而出现差异。总体上，受农业特性、国家一次分配制度安排的影响和城乡利益分配制度惯性的作用，农业部门的比较收益明显低于非农部门，那么在农业部门与非农部门之间存在收入差异的情况下，一般地，长期从事农业生产的农户在一个具体的农村社区内往往演化成为中低收入阶层，他们的生产、生活空间都集中在农村社区范围内，是统一的，而放弃农业生产，在非农部门配置家庭剩余劳动力，从事非农生产的农户家庭在一个社区范围发展成为高收入阶层，他们的生产、生活空间已经不再局限于原有的农村社区，在时间和空间维度上表现为非一致性和离散性。与此同时，考虑到农村剩余劳动力转移过程中的非彻底性，在这两者之间还存在着一种游离在城市与乡村之间的中间状况，他们有时工作、生活在城市，有时退回到农村，三者共同构成了农村社会的三种不同形态的职业状态和生活状态。在不同的农村地区，因经济发展水平、乡村社会结构以及乡村与外界的关联性而呈现出不同。如果从个体利益和个体在农村社区中的阶层位置的动态变化出发来分析西南少数民族地区新农村建设过程中的合作问题，一方面，不同阶层上的农户对农村社区性公共产品的需求和偏好是不同的；另一方面，随着时间的推移，村民的要素禀赋也会发生结构上的变化，导致其收入结构及总收入的变化而最终引起其社会阶层位置的变化，那么在西南少数民族地区农村社区范围内，偏好与行为方式的异质性的叠加必然会导致村民个体或家庭参与新农村建设过程中的激励因素的复杂多样性、行为方式的高度不确定性，使西南少数民族地区自然村落的村民合作行为与非合作行为产生的条件变得异常复杂，其关系如图 7-1 所示。

因此，在一个经济、社会转型和农村社会分层的现实环境中考量，我们似乎可以发现西南少数民族地区新农村建设主体行为的总体趋势和行为特征，相关的理论问题值得研究。

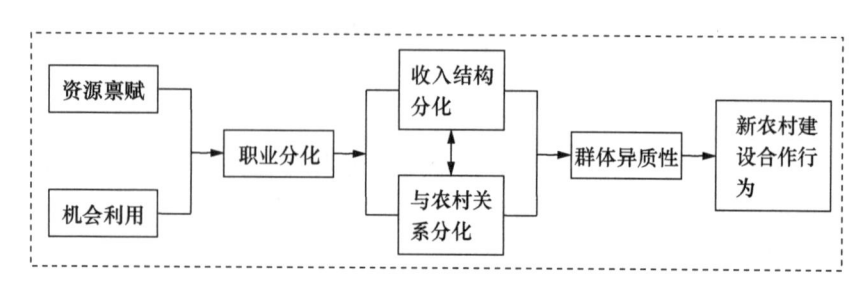

图 7-1 群体属性与西南少数民族地区新农村建设合作行为关系

第七章　社会分层模式下西南少数民族地区新农村建设农民合作行为研究　117

假设1：西南少数民族地区收入较低或中等的村民群体其主要收入来源于农业生产，居住在农村社区，其对社会主义新农村建设的需求具有更强烈的愿望，更多地表现为改善农业生产条件和生活条件，如农田水利设施、乡村道路等，在新农村建设中更具有合作的意愿，但是受经济收入相对较低的约束，其对新农村建设成本更具敏感性。①

假设2：西南少数民族地区收入较高的村民群体其主要收入来源于非农务工、经商、经营管理私人企业，对农业生产条件的依赖性较弱，主要居住地并不在农村，具有在城市生活和农村生活的选择权，在新农村建设过程中的群体利益明显弱于前者，偏好于能够增加其精神层面和舒适生活的消费性、农村社区范围内的基础设施，其合作行为的产生依赖于其与乡村之间的社会关联性（如家庭成员或亲人仍在农村生活的数量以及关系亲密程度）、对新农村建设参与的态度和行为决定于对故乡、故土的情感依赖。

假设3：受村民家庭成员以及村民个体的职业、人力资本、家庭要素禀赋结构，村民的就业部门和生活空间的变化等多因素的影响，西南少数民族地区村民个体及家庭在新农村建设过程中的行为动机和行为方式会受其阶层变化的影响，表现出一定的不确定性，且这种不确定性会随农村社会内部的阶层分化的强度的增加而正向发展，更难预测。

假设4：在没有选择、道德约束弱化和外在强制力缺乏的西南少数民族地区新农村建设中，收入较低、中等的村民群体之间因农村社区范围内基础设施利益结构的相同性合作行为更容易实现，而不合作行为却难以出现；在相同环境中，收入高的村民群体之间因农村社区范围内基础设施的公共利益的结构性差异合作行为难以形成，而不合作行为相对更易出现。

---

① 这一假设与农村的一些特殊情况有出入，事实上在我国广大的农村地区也有靠从事农业生产而成为高收入群体的特例，但是这种现象并不具有一般性意义，尤其是在西部农村地区，从事农业生产的农户家庭的收入状况明显不如外出务工、经商以及从事其他非农生产的收入。

第三节 西南少数民族地区新农村建设农民合作行为的演化博弈模型

一 基本条件假设

1. 西南少数民族地区村民群体为 n，其初始状况分为农业生产者和非农生产者，其比例分别为 ε 和 $1-\varepsilon(0 \leqslant \varepsilon \leqslant 1)$，为简化问题的分析，我们将前者命名为合作者，且人数为 o，后者为不合作者，人数为 i，两者共同构成村民群体。

2. 在西南少数民族地区村民群体内部行动决策，信息既非完全对称，也非处于完全信息隔离状况，而是呈现在有噪声（Noisy Signals）的真实世界中。[①]

3. 在新农村建设过程中，村民个体都是理性的，其行为决定于自身利益或效用的最大化。

4. 个体行动的策略空间为（合作，不合作），分别设为 x，y。其合作行为博弈的支付矩阵如表 7-1 所示。

5. 在特定的农村社区范围内，基本道德标准和最低道德水平为群体成员的默会知识，"别人不合作则自己也不合作"的行为选择策略符合群体规范，"别人合作而自己不合作"的行为选择策略则违背了农民强互惠合作的群体规范，将会受到群体压力和遭受道德谴责，效用也会降低，$P-S>T-P$（金学军等，2004）。

表 7-1　　　　　合作双方的支付矩阵

		成员 j	
		合作（x）	不合作（y）
成员（i）	合作（x）	R, R	S, T
	不合作（y）	T, S	P, P

[①] 信息完全对称，则不存在不合作者，只有合作者才能生存。在个体类型信息完全隔离的情况下，只有理性自私者得以生存，参见 Elinor Ostron，"Collective Action and the Evolution of Social Norms"，*Journal of Economics*，Vol. 14，No. 3，2000，p. 145。

二 村民个体的演化博弈分析

以上述5个基本假定为前提条件,如果村民个体博弈能够实现演化稳定,则表明在以阶层分化为群体属性的西南少数民族地区农村世界中,村民仍然能够围绕农村社区性公共产品的供给而形成合作行为,农村社区性公共产品可以靠社区内部的自发力量自动生成,在农村社区范围内存在自发秩序;如果演化稳定结果不存在,则在农村社区范围内无法形成合作行为,农村社区性公共产品的自发供给需要外在的强制力量。

1. 村民合作行为的纯策略演化稳定分析

在西南少数民族地区村民群体中,以合作者为代表的群体采取合作行为的预期效用为 $U_o(x) = R + (S-R)\varepsilon$;不合作者群体采取合作行为的预期效用为 $U_t(x) = T + (P-T)\varepsilon$,根据演化稳定成立的条件 $U_o(a) > U_t(a)$,可知,西南少数民族地区村民群体之间实现合作的演化稳定条件为 $U_0(x) - U_t(x) = R - T + (S - P - R + T)\varepsilon > 0$。

即:$\varepsilon_1 < \dfrac{R-T}{P+R-T-S}$ (7-1)

现假设,在完全信息条件下,西南少数民族地区合作者群体选择不合作行为策略的概率为 ε,那么选择合作行为策略的概率就是 $1-\varepsilon$;西南少数民族地区不合作者群体选择合作行为策略的概率为 p,选择不合作行为策略的概率为 $1-p$,其中 $0 \leq \varepsilon \leq 1$,$0 \leq p \leq 1$,则各自的支付矩阵如表7-2所示。

表7-2　　　　　完全信息条件下的合作双方的支付矩阵

		不合作者 (j)	
		合作 (p)	不合作 ($1-p$)
合作者 (i)	合作 ($1-\varepsilon$)	R, R	S, T
	不合作 (ε)	T, S	P, P

在完全信息静态博弈中,合作者群体的纳什均衡解为:合作者选择合作行为纯策略的收益为 $\pi_{1-\varepsilon} = r \cdot p + S(1-p)$;合作者采取不

合作行为纯策略的收益为 $\pi_\varepsilon = T \cdot p + P(1-p)$；合作者的混合策略纳什均衡成立条件是 $\pi_{1-\varepsilon} = \pi_\varepsilon$，合作者群体的混合策略纳什均衡解为：

$$p = \frac{P-S}{P+R-S-T} \qquad (7-2)$$

在完全信息静态博弈中，不合作者群体纳什均衡解为不合作者选择合作行为纯策略的收益为 $\pi_p = R(1-\varepsilon) + S \cdot \varepsilon$；不合作者采取不合作行为纯策略的收益为 $\pi_{1-p} = T(1-\varepsilon) + P \cdot \varepsilon$；不合作者的混合策略纳什均衡成立的条件是 $\pi_p = \pi_{1-p}$，不合作者的混合策略纳什均衡解为：

$$\varepsilon = \frac{R-T}{P+R-S-T} \qquad (7-3)$$

也就是说，当合作者采取不合作行为纯策略的概率 $\varepsilon = \frac{P-S}{P+R-S-T}$ 时，不合作者实现混合策略纳什均衡。

由此可见，不等式（7-1）右边分式 $\frac{P-S}{P+R-S-T}$ 是在完全信息静态博弈条件下，合作者混合策略纳什均衡，而不合作者的混合策略纳什均衡解为 $\varepsilon = \frac{R-T}{P+R-S-T}$。式（7-3）表明，西南少数民族地区村民群体演化稳定的合作纯策略决定于群体中不合作者选择不合作行为的比例和合作者群体中选择不合作行为的比例，这表明当西南少数民族地区村民群体中个体数量一定的条件下，必须将不合作者的人数控制在一定范围内，并使其小于合作者群体中可能选择不合作行为的人数，这是完全信息静态博弈条件下的村民之间合作行为产生的条件。

2. 村民群体不合作行为的纯策略演化稳定分析

在西南少数民族地区村民群体中，现假定合作者群体中选择不合作行为的预期效益为 $U_o(y) = P + (T-P)\varepsilon$，不合作者群体选择不合作行为的预期效益为 $U_t(y) = S + (R-S)\varepsilon$，西南少数民族地区村民群体之间产生不合作行为实现纯策略演化稳定的条件为 $U_o(y) -$

$U_t(y) = P - S + (T - P - R + S)\varepsilon > 0$。

即：$\varepsilon_2 < \dfrac{P-S}{P+R-T-S}$ \hfill (7-4)

同样地，不等式（7-4）的右边分式$\dfrac{P-S}{P+R-T-S}$就是完全信息静态博弈下，村民群体合作的混合策略纳什均衡解：$P = \dfrac{P-S}{P+R-T-S}$。这表明在完全信息静态博弈中，只要群体中不合作者占群体总人数的比例ε_2低于不合作者采取合作行为策略的概率p，即$\varepsilon_2 < p$，则村民群体之间就会实现演化稳定的不合作纯策略。也就是说，在保持西南少数民族地区村民群体个体数量不变的条件下，若村民群体中不合作者数量小于可能采取合作行为的不合作者数量，村民群体中就会出现不合作行为。

3. 村民群体合作行为的演化稳定混合策略分析

现假设一个演化稳定行为a^*，很显然，可将a^*视为$a^* = (1-\varepsilon, \varepsilon)$，满足不等式(7-1)且概率为1的混合策略，$\beta$是一个混合策略，且根据对称两人博弈的混合策略$a^*$是演化稳定策略的充分必要条件，$(a^*, a^*)$是纳什均衡，且有$U(\beta, \beta) < U(a^*, \beta)$对每个$\beta$，$a^*$的最优反应成立的条件是$\beta = (p, 1-p)$，其中，$p$为群体中选择合作行为纯策略的概率，则$1-p$就是群体中选择不合作行为纯策略的概率，则：

$U(a^*, \beta) = p(1-\xi)R + (1-\xi)(1-p)S + \xi PT + \xi(1-p)p$

$U(\beta, \beta) = p^2 R + p(1-p)S + p(1-p)T + (1-p)^2$

因为

$U(a^*, \beta) - U(\beta, \beta) = (1 - \xi - p)[pR + (1-p)S] + (\xi - 1 + p)[pT + (1-p)p] > 0$

所以 $\varepsilon < 1 - p$ \hfill (7-5)

在以上理论分析的基础上，我们可以得到以下几个基本的结论和相应的推论：

结论1：当"别人合作而自己不合作"的收益大于"别人合作则自己也合作"的收益时，在西南少数民族地区村民共同参与新农村建设的过程中仍然会出现"搭便车者",新农村建设过程中的自发行为在没有其他的外在约束条件的情况下,村民自发参与新农村建设的行为在农村社区内部是无法实现的。

推论 1-1：只有克服由村民共同参与新农村建设过程中的"搭便车"行为,消除其行为动机,即 $R>T$,那么西南少数民族地区村民群体中的新农村建设的纯粹合作行为的实现条件 $\varepsilon_1>0$ 才能得到满足,村民群体中围绕新农村建设的合作行为则会自发产生。

推论 1-2：如果能够按照农村公共产品的不同属性进行分类管理,并采取不同的供给方式,能够将村民群体中的"搭便车者"排除在公共产品的受益之外,则村民中"搭便车"的人数能够被控制在一定的范围内,西南少数民族地区新农村建设自发合作行为也会产生。

推论 1-3：在西南少数民族地区新农村建设过程中,如果能够将一次性的合作转化为长期的合作博弈,并能够充分发挥传统的社会资本的力量,新农村建设的合作行为是能够出现的。

结论 2：如果西南少数民族地区村民群体中的所有成员都符合自利的经济理性人 ($p>s$) 的基本假设,则纯粹的不合作行为出现的概率将会增大,导致新农村建设合作行为难以自动实施。

推论 2-1：如果能够将传统的乡村价值观内化为村民的道德约束或者通过外在的压力约束,能够有效地控制村民自利的无止境膨胀,即 ε_2 取不到值,从而可以消除和有效地降低西南少数民族地区村民群体中不合作行为发生的概率。

推论 2-2：如果西南少数民族地区地方政府或者村民自治组织在村民群体中具有一定的权威性,对不合作者具有一定的惩罚性措施和手段,村民自发参与新农村建设的行为更易产生,更进一步,在一些乡村传统保持较好的地方,新农村建设的自发行为仍然存在。

结论 3：如果在西南少数民族地区的村庄范围内,村民数量是固定不变的,村民群体在新农村建设过程中,不合作者采取合作行为的概率大于合作者采取不合作行为的概率,则新农村建设过程中的不合作行为的纯策略优于合作行为的纯策略，不合作行为要比合作行为更容易在西南少数民族地区村庄范围内出现。

推论3-1：在西南少数民族地区农村存在明显的阶层分化的情况下，如果能够有效地激励高收入群体中的成员选择合作行为，并能够有效地防止中低收入群体中的内部分化，则新农村建设过程中，村民群体中选择合作行为的人数将会占据优势地位，合作行为就会产生。

推论3-2：在西南少数民族地区特定的乡村内部，如果村民的阶层分化十分明显，异质化程度越高，特别是村民群体中的第二类群体所占的比例越大，且其与乡村社会的关联性越弱，则在第二类群体中越难产生新农村建设的合作行为。

推论3-3：如果能够有效地控制西南少数民族地区村民群体中不合作成员的数量（$\varepsilon<1-p$），在没有外在的其他约束条件的情况下，则真实世界中的合作行为是可以实现的，存在满足条件$\varepsilon>0$的相应值。

第四节　社会分层模式下的西南少数民族地区新农村建设典型经验

云南是中国少数民族最多的省份，全国56个民族中，云南就有52个，其中人口在5000人以上的民族有26个，各民族分布呈大杂居、小聚居的特点，少数民族地区农村经济发展比较落后，农民生活困难。2002年，云南省农村劳动人口数量为1047.09万人，其中少数民族地区农村剩余劳动力人口数量为302万人，为了生存，大量农村人口外出打工，向经济发达的城市转移，农村逐渐形成了老弱病残人口的分布状况，由于处于不同阶层的农民群众对农村建设的需求结构不同，造成外出务工人员参与农村建设的积极性不够，在家务农人员参与农村建设的能力不足，从而使得大量的土地荒废，新农村建设进度缓慢。为合理利用不同村民群体对农村建设利益结构的差异性，充分发挥他们对新农村建设的主体作用，云南少数民族地区深入贯彻落实省委、省政府关于新农村建设的实施意见和规划纲要，按照"生产发展、生活宽裕、乡风文明、村容整洁、管理民主"的总要求，坚持以科学发展观为指导，紧紧围绕发展现代农业和农村经济这个中心，从不同阶层的农民群众对新农村建设具有不同意愿和不同偏好入手，通过加强领导、精心组织、分类指导，稳步推进新农村建设。

一是对与农业生产与生活密切相关的农村基础设施加强财政投入，以此获得以在家务农为主的村民群体的大力支持，并引导他们积极配合、参与基础设施的建设。2007—2010年，每年省财政增加筹集10亿元资金，用于以"润滇工程"为重点的水源工程、病险水库除险加固、山区"五小"水利、干支渠防渗等水利工程建设。同时，积极开展中低产田改造，切实解决农村饮水和农业灌溉问题；改造农村电网，大力发展农村小水电；加快乡村公路建设进程，从根本上解决群众出行难问题；大力开展以改路、改水、改厨、改厕、改厩为重点的村庄环境整治。"十一五"期间完成了已开工建设的21件大中型水库建设任务，开工建设楚雄青山嘴大型水库，做好了香格里拉小中甸等4件大型水库的前期工作；"润滇工程"中未开工的28件中型水库全部开工建设，在山区建设40件重点骨干小型水库；建成以小坝塘、小水池、小水窖、小水沟、小泵站等为主的100万件山区"五小水利"和干支渠防渗工程4000公里。2007年超额完成水利水电投资100亿元，解决100万人饮水安全问题，建成100万亩高稳农田和100万亩基本农田，新建沼气池20万口、农村改灶10万户，完成2万公里农村公路和"数字乡村"工程建设任务。

二是调整农业产业结构，增加农民收入，强化新农村建设产业支撑，增强以务农为主的村民群体建设新农村建设的能力，引导以务工为主的村民群体回归，增强他们参与新农村建设的意愿。云南少数民族地区充分利用生物资源丰富的优势，积极推进农业结构调整，优化农业区域布局，转变农业增长方式，加快农业产业化经营和农产品加工业发展，促进烟、糖、茶、胶、畜牧等传统优势产业的升级和蔬菜、马铃薯、花卉、林果、咖啡、蚕桑、中药材等新兴特色产业的开发。利用气候多样性的优势，努力推进冬季农业开发，形成一批优势农产品产业区和产业带，促进优势特色产业和农产品的集群发展，实现区域化布局、专业化生产、产业化经营，提高农业生产的综合效益和竞争能力。进一步发挥云南山区优势，加快推进生态建设产业化、产业发展生态化的进程，使云南的特色产业更强、优势产业更优、民更富。云南少数民族地区通过一系列措施拓宽了农民增收渠道，持续较快地增加了农民收入，提高了农民生活水平，从而提高了农民参与新农村建设能力，促进了其主体作用的发挥。

三是改善民生，减少农民隐形负担，解除农民后顾之忧，激发他们参与新农村建设的热情。上学、就医、养老保险等是各个阶层村民群体共同关心的问题，也是村民群众最盼、最急、最怨、最难的问题，2009年，西双版纳州开展千名干部大走访农业农村活动，共抽调1674名干部，走访了14120户农户，千方百计地解决好这些问题。在学习实践活动中，建立和完善了农村群众投诉求助的受理、处理工作长效机制，把机关服务基层和群众、基层组织服务群众的工作规范化、经常化，制定了《西双版纳州被征地农民基本养老保障试行办法》等系列文件，使改革发展的成果惠及广大农民群众，抓住省委、省政府实施边疆"解五难"惠民工程和新一轮"兴边富民工程"的机遇，千方百计加快发展农村社会事业发展；加强农村文化、体育工作，新建和改扩建11个乡镇文化站，建设30个农家书屋、100个篮球场。加强农村卫生工作，完成9个乡镇卫生院、14个村卫生室建设，全州行政村卫生室实现全覆盖和县乡村一体化管理；提高新型农村合作医疗统筹金和补助标准，全州有60万人参加"新农合"，参合率达95.15%；建立健全农村社会保障制度，将6.6万贫困人口纳入最低生活保障，做到应保尽保。上述系列改革措施的实施，极大地激发了农村村民建设新农村的热情，促进了社会主义新农村建设各项工作的顺利开展。

第五节　本章小结

社会主义新农村有效率的建设应由社区内的受益主体联合参与，而行为主体的动机、动机产生的原因及行为方式是新农村建设过程中必须正视的问题。改革开放以来，随着农村社区由封闭型向开放型的转变，在西南少数民族地区的村庄范围内，出现了明显的、以职业为典型特征的社会分层，农村社区社会分层的结果不仅导致村民群体在社会主义新农村建设中的支付能力差异，而且导致了具有公共属性的社会主义新农村建设成果在村民之间利益结构的差异化，从而在农村内部衍生出不同集体利益亚组织，且不同群体之间存在明显不同的行为方式和政治参与，以此为背景的新农村建设主体行为的本质是以不同阶层之间围绕着新农村建设的合作与非合作行为的选择，是基于不同的主体利益博弈的结果。合作行为与非合作行为的产生既受经济因素影响也受非经济因素的影响。如果以农村社会内部的阶层分化为社会主义新农村建设的总体背景，那么从农民的主体作用层面看，社会主义新农村建设的本质是异质化群体之间的合作，从以上的理论推演中我们可知如何控制群体中不合作者的数量就成为社会主义新农村建设中发挥主体作用应该思考的主要问题，总体上，不合作者产生于两类群体，一是与农村社区关系疏远的村民群体；二是虽与农村社区关系密切，但自身支付能力有限的群体。前者与社会主义新农村建设成果的利益分享有关，后者与社会主义新农村建设的成本分摊机制设计有关。显然，在一种自然状况下，随着西南少数民族地区农村社会的发展，原有的村庄内部的一些行为约束机制的作用正在逐渐丧失和弱化，如何构建起一种外在激励与约束机制就成为社会主义新农村建设中发挥农民主体作用的关键。以此为预设，在内源型资源有限的情况下，如何发挥政府的引导作用，通过政府统筹作用、产业结构调整和社会保障体系来降低农民参与社会主义新农村建设的成本,增加农民与社会主义新农村建设的利益相关性,从而激发农民参与社会主义新农村建设不失为一种可行做法。

第八章 信任关系与西南少数民族地区新农村建设合作行为研究

信任是社会资本的重要组成部分，信任内生于制度安排，是主体与主体之间互动作用的结果。传统的农村社区是一个封闭的活动空间，人们之间的合作行为建立在特殊信任基础上。本章将西南少数民族地区新农村建设农民主体作用界定于一种合作行为并纳入一种新的信任关系结构中。以在社会主义新农村建设过程中，因不同利益主体自身利益的日益强化和显现，原有的、维系农村社会发展的自发性合作行为的社区信任基础受到了侵蚀为研究背景，认为随着农村社会的进一步开放和要素配置空间范围的扩大，西南少数民族地区原有的维系农村经济、社会稳定发展的合作行为的信任基础和内容已发生了根本性变化。以这种变化导致的西南少数民族地区新农村建设过程中的自发性合作行为更难产生为理论命题，从农村社会信任关系的历史演变过程对信任与合作行为的关系进行了研究，从而在理论上解释了新农村建设过程中，围绕新农村建设过程中的公共事务的"一事一议"的民主决策机制的失效原因，并结合西南少数民族地区的客观实际提出了相应的政策建议。

第一节 信任关系与新农村建设农民合作行为的内在机理分析

长期以来，受国家城乡制度安排的影响，中国农村建设主体是农民。以农民为主体的农村经济建设模式不仅加重了农民的负担，影响了农村建设水平，而且也恶化了微观层次的村民与农村基层组织之间的关系，其直接表现就是村民与村民委员会围绕新农村建设过程中因成本分摊而导致群体事件的不断发生，直接威胁着农村社会的稳定和发展。如果说始于安徽的农村税费改革是在日益恶化的农村社会关系背景下，由国家推动的强制性制度变迁的话，那么农村税费改革后，如何在保证农民负担减轻或不反弹的前提下，保证农村社区范围内基础设施的建设就成为农村税费改革及取消农业税后的一个重要制度内容。国家在认真总结安徽税费改革取得成功经验的基础上，做出了基础设施建设的"一事一议"制度安排，规定农村地区村一级组织范围内兴办农田水利、农村社区道路等与农业生产以及与农民生活密切相关的、具有社区性质的公共产品，如涉及费用的收取、投工、投劳等问题，必须经村民民主表决的方式进行决策。"一事一议"的社区性公共产品供给制度安排的政策目的是要通过民主程序的引入，有效地杜绝农村社区组织借用兴办各种农村社区事务的名义，向村民乱收费、乱摊派，从而实现在减轻农民负担，维护农民利益的同时，保证有合适的资金筹集组织形式和来源渠道，是一种既兼顾效率又具公平的制度安排。然而这一设计合理的农村社区范围内基础设施建设制度在广大农村地区的实施却遭遇了现实难题。"一事一议"自2000年开始实施以来，在明显减轻农民负担的同时，却带来了与此相关的"事难议、议难决、决难行"问题。国家统计局农村社会经济调查总队对全国31个省、市、区6.8万农村住户的抽样调查显示，2005年"一事一议"筹资费人均1.6元，只有10%多一点的行政村实施了"一事一议"。显然，"一事一议"的铺开程度并没有达到政策预期，所筹集到的资金不能满足农村经济社会发展对基础设施的建设需求，影响着农村公益事业的发展、农业生产水平的提高、农民生活条件的改善和农村社会的稳定，也就是说，"一事一议"制度的实施并未达到其预期目标。为什么一个有利于农民福利改善的制度安排在实施过程中却得不到受益主体的支持，其背后的深层次原因已引起有关学者的重视。现有的研究着重于制度设计本身，以理性假设为前提，从集体行动理论出发，结合农民个体行为特征对此问题进行研究，其结论部分揭示了农民在农村公共事务的不合作行为。同样地，社会主义新农村建设以来，在不同的地区农民围绕社会主义新农村建设中的各项公共事务也表现了不同层面和范围的不合作行为，这种不合作行为的产生除制度安排因素以外，是否还存在着其他因素，厘清这些因素及作用机理有利于社会主义新农村建设的顺利开展，值得思考。本书认为，西南少数民族地区现有的新农村建设是在特有的信任结构中实施的，农村社会、经济的转型和原有的农村社区性公共产品供给制度不仅导致农村社会内部信任关系的内容发生了变化，而且也影响了其建构。在"一事一议"的制度框架下，新农村建设是一个典型的民主谈判过程，主体行为是在谈判基础上形成长期稳定的合作均衡解，其前提是谈判双方达成的合作协议必须能够自我实施，也就是谈判的结果必须是纳什均衡且该状态一旦实现就应该具有自我约束性（贺振华，2006），而明确影响纳什均衡的形成因素和保持稳定状态是理解新农村建设农民主体作用的基础。

  本章基于村庄信任的基础理论研究成果，将西南少数民族地区新农村建设决策、执行过程中的农民主体行为纳入农村社会经济转型以及西南少数民族地区新农村建设过程所建构起来的信任关系的特定框架内，并将主体之间的信任结构分为村民与村民之间的信任和村民与村民委员会之间的信任两个维度，通过制度的比较分析解释西南少数民族地区新农村建设过程中的"三难"问题，并以西南少数民族地区两个典型村庄为案例对理论研究结论进行了验证说明，据此提出了相关的政策建议。

第二节　信任与农民主体合作行为的理论分析

  近年来，信任问题已成为国内外社会心理学和社会学界学术研究的热点问题（李伟民、梁玉成，2002）。信任是普遍存在的，就像空气一样，对人们的社会生活和交往具有不可或缺的基础性作用，是嵌入在社会结构和制度之中的一种功能化的社会机制（Lunmann，1979）。新古典经济学研究在既定的资源和技术以及既定的制度约束下的收益最大化问题。在新古典经济学的传统里，制度是一个外生的既定变量，制度尤其是非正式制度的生成、演进和发生作用的路径被排除在主流经济学之外。从信任的功能性意义角度分析，我们可以把信任作为非正式制度的组成部分，是人们在交互作用过程中形成的一系列行为规范的总称。一方面，信任具有时间上的嬗变和演化特征，即信任的内涵总是随着时代、社会经济发展而不断变化，任何外部环境的变化对信任的内容都会产生影响；另一方面，信任具有空间上的非一致性，即在不同的地区、社会之间信任水平和信任内容都有其地域性和行业性特征。由此可见，一定环境中的信任形成和演化是多种因素共同影响的结果，是自发秩序的生成过程，环境、宗教、文化传统、政府在信任的形成中都具有重要作用。在信任的形成过程中，个体作为共同体中的一个行动单位，受其目标的影响，个体需要在学习和模仿中体会什么是共同体内部的"合宜"行为，判断什么行为最适合于提高个体的生存概率以及什么行为有利于共同体作为一个行动单位的效率提高等。个体不断地调节自己的行为，共同体中就会形成一种有利于个体的行为规范（王曙光，2006），也会形成信任。由此可见，信任作为一种制度的生成很大程度上是行动者对自己利益的计算，当交易双方处于自利的动机而在长期的动态博弈中选择信任行为时，长远的功利主义计算就会抵挡短期的机会主义的诱惑，从而使信任行为得以延续，而不信任行为慢慢地被摒弃。政府在社会信任的建构中具有举足轻重的作用，它主要通过制定正式的法律文本、示范性鼓励措施来促进社会信任的生产和演进。

信任是社会资本的重要组成部分，是建立社会秩序的主要工具之一。在社区范围内，一方面居民间的横向信任关系和关系结构深受国家组织政策的影响，另一方面信任可以通过促进合作来提高社会的效率（Putnam，1993）。在信任程度较高的社会里，经济运行的交易成本将会大大地降低，正式制度的缺陷也可以得到有效弥补（Fukuyama，1998）。结构维度的信任与个体的既定角色、社会网络和制度、规章规则有关；认知维度的信任与个体的主观规范有关。前者促进个体之间的交往和互惠行为的产生，而后者则会产生一种约束机制，较好地解决集体行动中的"搭便车"问题。从这一层面分析，信任成为镶嵌于个体间关系之中的行动资源，而这种资源为公共产品的提供和集体行动的困境提供了一种新的解决路径（Coleman，1998；Bourdieu，1986）。信任是从特定价值观以及具有特定情感的特定人群中生长起来的（周飞舟，2006）。按照社会认知观点，信任产生于人际互动中对他人和群体的认知评价，是一个社会经济构建和运作的润滑剂，对一个国家的经济发展状况具有较强的解释力（Wang S. L.，1991）。福山（1998）在《信任：社会的形成与繁荣的创造》一书中，更是将信任上升到影响和决定一个国家经济繁荣、社会进步的高度，对信任的社会重要性进行了宏观层面上的阐释。而在微观层面上，信任在社会交互行为中可以使参与交易的双方或多方之间产生一些比较稳定的预期，从而使交易具有可预测性，可以极大地降低交易双方的履约成本。

传统的中国村庄是具有比较强的地方组织性和较强的防御能力的联合体，信任是建立在家族亲戚关系或准亲戚关系之上，是一种难以普遍化的特殊信任（韦伯，1995）。贺雪峰（2000）认为，中国农村社会是典型的乡土社会和熟人社会，具有礼制秩序和长老政治的乡村治理结构。乡土社会的信任并不是对契约的重视，而是发生于对一种行为规矩熟悉到不假思索时的可靠性（费孝通，2002）。在一个熟人社会，人们在日常的社会、生活交往中，由熟悉而产生的信任和信用直接影响到社区居民的集体行动。社区性公共产品的供给是一个特定的空间、时间范围内发生的交易行为或互惠行为，是制度安排的结果，而制度是嵌入在人与人的关系网络中的，因此人们对制度的信任源自人们在交往中对所建立的关系的信任（Wang S. L.，1991）。胡必亮在对信任等因素研究成果基础上，提出了村庄信任的概念，认为村庄信任是在共同体框架下，村庄里的每一个个体通过一定的与当地文化紧密相连的社会规范与社区规则嵌入到村庄系统中而相互之间产生对于彼此积极预期的一种社区秩序（胡必亮，2004）。围绕着农村社区范围内基础设施而产生的村庄信任是与农村社区性公共产品供给制度演变相伴生。也就是说，农村社区性公共产品供给制度形成一定的村庄信任结构，而现有的村庄信任结构对后续的新农村建设主体行为又起着中介作用，影响着后续的新农村建设合作行为，其关键变量与作用关系如图8-1所示。

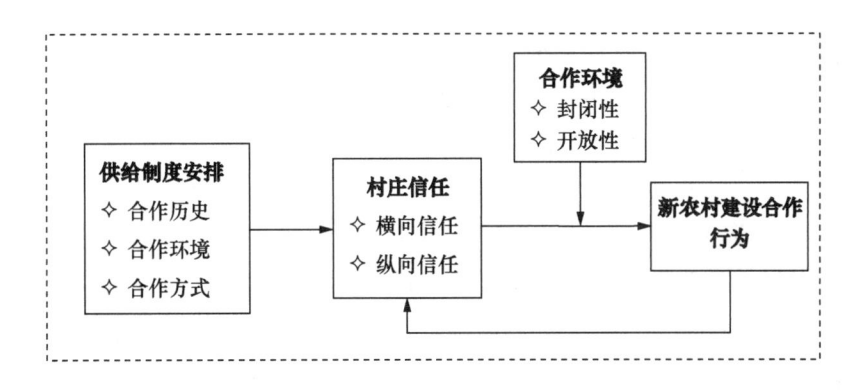

图8-1　信任关系与西南少数民族地区新农村建设合作行为关系

第三节　西南少数民族地区农村社区的信任结构分析

长期以来，我国在公共产品供给上实行两套政策，城市公共产品基本是由国家提供，而相当比例的农村公共产品则由农民自筹资金或通过投工、投劳解决。以农民为新农村建设主体的模式具有一定的历史背景和经济意义，是以国家强权政治为实施条件的。

农村公共产品供给制度的历史演变既反映了一定发展阶段国家的农村经济政策，也反映了国家的财政和赋税制度，其实质是国家与农民关系的具体体现。在国家与农民的关系构架中，乡村干部在农村社会中扮演着"中间层"的作用（Puterman，1993）。乡村干部与村民之间的关系结构和行为方式既是理解国家与农民关系的关键，也是理解村干部与村民之间信任模式的形成必须思考的问题（周飞舟，2006）。无论是在人民公社时期，或是1984年撤社建乡以后，西南少数民族地区乡村之间的关系都是行政上的上下级关系，两者之间的不同表现在对村的经济资源的垄断程度的差异。在人民公社时期，公社通过组织体系内部结构，可以从生产队调用劳力、资金及物质，公社凭借行政权力来直接安排生产队的各项事务，生产队和生产大队必须服从人民公社的安排（贺雪峰、苏明华，2006）。在以集体为单位的利益分配框架下，在西南少数民族地区农村社区范围内基础设施建设过程中，农户与生产队以及生产大队之间具有高度的一致性利益，这是在物质条件极度匮乏的情况下，政府能够动用如此众多的农村经济资源兴建各种农田水利设施的关键，其背后是农户对政府的信任。1988年，《村民自治委员会组织法》实施后，村干部可以调用资源状况因不同地区的经济发展水平而有所差异，乡村之间的关系也出现了区域上的差异，但对于西南少数民族地区这些经济欠发达地区的乡村关系仍然具有行政的上下级关系，即使是民主选举产生的村民委员会也要承担来自上级政府安排的各类政务，也就是说，乡村之间的关系仍然可以清晰地看到行政上的领导与被领导之间的关系。以此为利益框架，虽然村干部的报酬由村集体收入来支付，但乡镇政府较村民集体在很大程度上可以满足村干部的经济利益期待（贺雪峰、苏明华，2006）。具体体现在当村干部有经济上的问题，乡镇政府可以做出是否处理以及怎样处理决定时，村干部从自身经济利益最大化出发，就不得不寻求上级政府部门对其的庇护，而两者之间在心理上或行动上可以迅速达成的交易条件就是村干部对上级政府的各种安排言听计从，不计条件地完成上级政府安排布置的各项任务，包括一些不合理的，加重农民负担甚至损害农民利益的各种乱摊派、乱集资。农村社区范围内基础设施的筹集、生产、供给过程是完整的社会交换行为。在这一交换过程中，村干部扮演着重要的角色，他们既是乡镇政府政策和任务的具体落实者，也是社区性公共产品组织、生产的管理者。公平理论认为，人们对于社会交换的满意度同时受到结果和过程的影响。从西南少数民族地区农村公共产品供给制度的历史演变与新农村建设现状分析可知，以农民为投资主体的新农村建设现状是建设不足与建设过程中各种社会矛盾和冲突的不断出现，既存在着结果失败，也存在着过程失败。实证研究结果表明，失败类型不同其解决的方式也有所不同。发生结果失败时，服务提供者需要给予服务对象有形的补偿，而如果仅出现过程失败，道歉和解释也许就足够了（Smith，Blolton，Wagner，1999）。按照社会认知观点，信任产生于人际互动中对他人和群体的认知评价，长期的服务关系既能引致高的信任感，也能引致低的信任感。从西南少数民族地区的乡村关系结构分析可知，在以农民为新农村建设主体的农村社区范围内，村民与村民委员会之间并未建构起高信任感，也就是现行的新农村建设是在农村社区信任缺失的环境条件下进行的。信任缺失的原因是什么值得深究的。笔者认为，以农民为主体的农村社区范围内，基础设施建设制度安排的历史演变并不是农村社区信任缺失的必然原因，但在西南少数民族地区新农村建设过程中，基层组织者的不规范行为导致了村民对基层组织者的基本信任丧失，而社会主义新农村建设过程中的民主决策机制的引入，赋予了村民一定的利益表述权，以此为前提，理性的村民将表现出合作与非合作行为，也就是说，非合作行为仅是一种策略性工具，其应用与交易双方的经验和交易环境有关。因此，西南少数民族地区新农村建设"三难"现象是以一定程度的信任缺失为行为基础，以农村经济社会的转型为背景，是信任缺失与其他转型因素共同作用的结果。

第四节　村庄信任与新农村建设农民主体合作行为的均衡博弈

西南少数民族地区新农村建设水平和决策效率决定于农村社区多个利益主体的合作行为，不仅受村民的个性特征、文化、知识因素影响，还与村民与村民之间、村民与村民委员会之间的交互作用有关，为此，我们将西南少数民族地区新农村建设的筹资、生产决策过程纳入两个基本的环境模式下进行分析研究。一是双方在一个封闭的系统内进行无限期的博弈，也就是博弈的双方是固定的；二是博弈一方固定而另一方参与者可变模式下，进行的无限期博弈。①

一　固定模式下村民与村民委员会的重复博弈

在西南少数民族地区特定的村庄内，受空间范围有限的影响，其信息的充分性和透明性明显，因此，我们假设：

假设1：村民与村民委员会在完全信息条件下，就社会主义新农村建设的筹资、生产决策进行信任博弈。

假设2：村民与村民之间对社会主义新农村建设中的同一基础设施或同一公共事务具有相同的效用函数。

假设3：村民委员会对社会主义新农村建设中的同一基础设施或同一公共事务的效用函数大于村民的效用函数，村民委员会的成员享受除基础设施给其带来与其他村民相同的效用外，还可以从社会主义新农村建设获得额外的经济、心理上的收益，如上级政府的认可和村民的称赞等。

在西南少数民族地区新农村建设过程的初始阶段，村民的行动集包括信任和不信任，村民委员会的行动集是合作与不合作。如果

---

① 从博弈双方的关系模式出发，还应该包括博弈双方均具有选择权的第三种状况，但这一种情况是以前两种关系模式为基础的，或者说前两种是第三种的特殊形式，因此本书对此不作分析。

村民不信任村民委员会，由村民委员会决策、组织、实施的各种政策和措施得不到村民的支持，博弈自然结束。在村民信任村民委员会的情况下，第二阶段就决定于村民委员会。村民委员会可以选择从村民利益出发，进行合作，也可以不按村民的利益行动，选择不合作。村委会在村民信任的情况下，选择合作的收益为 a_1，村民收益为 b_1；选择不合作的收益为 a_2，村民则会遭遇 b_2 的损失。如果村民委员会合作，双方收益为 (a_1, b_1)；否则的话，则为 (a_2, b_2)。且 $a_2 > a_1 > 0$，$b_1 > b_2$，$b_2 < 0$。显然，从理性角度考虑，只要 $a_2 > a_1$，村民委员会的占优策略就是不合作，如果博弈是一次性的，纳什均衡就是村民不相信村民委员会，双方收益皆为零。因此在西南少数民族地区村民委员会不合作的情况下，村民对村民委员会的信任会使村民损失 b_2 的收益，村民的占优策略选择就是不信任。现假设博弈的次数是有限的，且为唯一一次，且村民与村民委员会之间不能签订一份可执行的、有约束力的合同，那么西南少数民族地区村民不信任村民委员会，村民委员会不合作就是唯一的均衡结果，是唯一的自我执行博弈的结果。这个结果丧失了双方合作参与新农村建设而给大家带来的合作收益，存在着社会福利损失，不是帕累托最优。

理论上，在西南少数民族地区社会主义新农村建设的筹资、生产过程中，村民与村民委员会之间可以签订一份可执行的合同，由第三方来执行，那么合同条款的可执行性和执行过程中的交易成本就成为直接影响交易结果的关键因素。相对于每个村民来说，由于公共产品的投入成本是可衡量的，但其收益却因居住条件、种植结构、人口规模而存在明显的差异，是第三方难以证实的内容，直接影响第三方验证的信息结构。

现假设村民与村民委员会之间可以重复多次博弈。虽然是多次博弈，但其次数仍旧是有限的，其倒数第二次博弈的均衡就是重复多次博弈的结果，现假设西南少数民族地区村民与村民委员会具有相同的贴现因子 $0 < \rho < 1$，如果村民信任村民委员会，村民委员会为了未来的收益且为了在后续的博弈中避免村民的不满，不会滥用

村民的信任。

在无限期博弈情景中,如果村民信任村民委员会,与村民委员会合作,那么他们的总贴现收益分别为:

$$R_{cm} = b_1 + \rho b_1 + \cdots + \rho^{n-1} b_1 + \cdots = \frac{b_1}{1-\rho} \qquad (8-1)$$

$$R_{cw} = a_1 + \rho a_1 + \cdots + \rho^{n-1} a_1 + \cdots = \frac{a_1}{1-\rho} \qquad (8-2)$$

其中,R_{cm} 为村民的收益,R_{cw} 为村委会的收益。如果村民委员会在第 i 次欺骗了村民,假设村民从此不再相信村民委员会,他们之间的合作结束,这时他们的总贴现收益分别为:

$$R_{N-cm} = b_1 + \rho b_1 + \cdots + \rho^{n-2} b_1 + \rho^{n-1} b_2 \qquad (8-3)$$

$$R_{N-cw} = a_1 + \rho a_1 + \cdots + \rho^{n-2} a_1 + \rho^{n-1} a_2 \qquad (8-4)$$

显然,在无限期情景中,信任、不欺骗是博弈完美的纳什均衡,$R_{cm} > R_{N-cm}$;村民委员会欺骗村民的条件是:$R_{N-cm} > R_{cw}$,即 $a_1 + \rho a_1 + \cdots + \rho^{n-2} a_1 + \rho^{n-1} a_2 > R_{cw}$。

从理性的角度考虑,村民委员会在社区性公共产品供给过程中是否欺骗决定其正常收益(村民信任,村民委员会合作)和不合作的一次性收益大小。则:

$$\frac{\partial}{\partial a_1} \Big[\frac{a}{1-\rho} - (a_1 + \rho a_1 + \cdots + \rho^{n-2} a_1 + \rho^{n-1} a_2) \Big] = \frac{\rho}{1-\rho} - (\rho + \cdots + \rho^{n-2})$$

$$= \frac{\rho}{1-\rho} \frac{\rho(1-\rho^{n-2})}{1-\rho} = \frac{\rho^{n-1}}{1-\rho} > 0 \qquad (8-5)$$

在阶段博弈中,选择合作给村民委员会带来的收益越大,村民委员会就越不会进行不合作。现考虑不合作的一次性收益变化对均衡的影响:

$$\frac{\partial}{\partial a_2} \Big[\frac{a_1}{1-\rho} - (a_1 + \rho a_1 + \cdots + \rho^{n-2} a_1 + \rho^{n-1} a_2) \Big] = -\rho^{n-1} < 0$$

$$(8-6)$$

这表明,如果在阶段博弈中,选择不合作给村民委员会带来的收益越大,村民委员会就越有激励进行不合作。

第八章 信任关系与西南少数民族地区新农村建设合作行为研究 139

$$\frac{\partial}{\partial \rho}\Big[\frac{a_1}{1-\rho} - (a_1 + \rho a_1 + \cdots + \rho^{n-2}a_1 + \rho^{n-1}a_2)\Big]$$

$$= \frac{\partial}{\partial \rho}\Big[\frac{a_1}{1-\rho} - a_1(\rho + \cdots \rho^{n-2}) - \rho^{n-1}a_2\Big]$$

$$= \frac{\partial}{\partial \rho}\Big[\frac{a_1}{1-\rho} - \frac{a_1(1-\rho^{n-1})}{1-\rho} - \rho^{n-1}a_2\Big]$$

$$= \frac{\rho^{n-2}[(n-1)a_1 + \rho a_1 + \rho a_2(1-\rho)^2]}{(1-\rho)^2} \qquad (8-7)$$

在论证 $(n-1)a_1 + \rho a_1 + \rho a_2(1-\rho)^2 > 0$ 的前提下,当贴现因子越大,西南少数民族地区村民委员会从不合作中得到的收益的贴现值小于丧失未来收益的贴现值时,村民委员会就越有激励表现为合作,在新农村建设过程中就会出现合作性结果。在西南少数民族地区自然村落内,贴现因子可以理解为重复博弈的概率,其影响因素包括村民委员会的任期时间、产生的方式以及村民委员会个人对自己与村民之间的信任关系结构的偏好等。显然,在人口流动性较弱,具有族缘、地缘、血缘关系的西南少数民族地区村落内,新农村建设过程中会自然地出现合作性结果,而这种合作性的结果是完全自我实施,对信息结构要求很低,不需要共性知识,仅需要局部知识。①

二 人口流动模式下村民与村民委员会的信任博弈

传统乡村社会的正常运行是以一定的条件为基础的。一个社区永久性生存并最大化自身利益的现实可能会使道德压力直接转化为情感和经济制裁,从而促进社区的合作。如果我们将社会主义新农村建设理解为是在政府强力推动作用下的,由社会各个层面,尤其是农民主体而形成的非自愿合作,村民对村民委员会的委托代理关系,是建立在村民对村民委员会信任基础上的话,那么在相当长的

---

① 据中央电视台2007年6月18日新闻故事栏目报道,在贵州的凯里地区,以侗族为主要居民的村寨内,每年均要对村内的鼓楼进行维修,鼓楼维修的资金需求很大,所需时间也很长,而决策程序却非常简单,就由村内几个年长的、有威望的村民坐在一起做出决定,然后各家各户都将按照他们所做出的决定执行,非常有效率。

一段时间内，在没有完善的监督体系下，基层政府与村民委员会就会借用新农村建设"搭车"收费，影响到村民对村民委员会的信任。组织者的这种有违农民利益的行为致使农村社区合作的信任基础已经部分丧失或丧失殆尽。农村税费改革后，村庄范围内引入"一事一议"的公共产品供给制度安排却面临着农村社会的经济与社会双重转型的制度实施环境，弱化了其政策实施的实际效果。这种制度实施环境的典型特征就是农村社会已经由一个封闭性的社区转变为开放的系统，传统意义上的农民正在走出农村，流向城市，随之而来的是原有的农村社会关系正在悄然地发生变化。虽然经济发展进一步深化社会分工，从而增加整个社会的合作剩余，提高交易双方的合作倾向，但是人口跨地域的流动也会导致社区网络结构的变动，降低交易双方在未来相遇，进行再次合作的概率，从而降低了人们加强合作的内在激励。社区的对外开放要求劳动力重新配置，从而导致人口的流动，弱化了原有的社会联系而降低传统社区的社会资本存量（Routledge B. R. & Von Amsberg, Joschim, 2003）。在资源要素可自由流动的状况下，西南少数民族地区流动频率和范围正在逐渐增加，农村空心化现象正在逐渐显现。西南少数民族地区村民的社会流动性的增强，意味着在人口固定模式下的贴现因子的内容和构成要素发生了质的变化，而这种变化对社会主义新农村建设合作行为的动机和行为结果有着深远的影响。我们假设村民委员会是永续存在的[①]，而村民是流动的，其结果就成为一次性博弈。在相互之间信任缺失的情况下，博弈双方最大化自身利益的选择结果就是村民对村委会不信任、村委会不合作。

在西南少数民族地区社会主义新农村建设过程中，相对于村民具有流动性特征而言，村民委员会却在一定地域空间内是永续存在的。由于村民委员会是永续存在的，它可以通过村民委员会在社会主义新农村建设过程中的行为表现来形成自己的声誉。声誉机制理论认为，声誉具有累积性、公共性和不稳定性的特征。实证研究表

[①] 虽然从长期看，其组成成员也会随时发生变化。

明，声誉机制发挥作用的前提条件是博弈重复的次数、主体对长期利益的重视程度、当事人的欺诈行为能够被及时观察到、当事人必须有足够的积极性和可能性对交易对手的欺诈行为进行惩罚（张维迎，2002）。从声誉作用的条件分析，在日益开放的环境下，声誉在西南少数民族地区新农村建设中的合作行为的诱导作用日渐微弱，或者说作用的前提条件是缺失的。如果仅假设村民与村委会之间的合作决定于村民委员会，根据现行的村民委员会的产生以及其行为方式，我们不难推导出以下结论，村民委员会由村民选举产生的机制设计在保证其竞争性的同时，却导致村民委员会任期的有限性，而任期的有限性决定了博弈次数的非重复性和村民委员会对短期利益的重视。显然，声誉包括好的和坏的两种，假设在一届村民委员会的任期内，村民委员会总是表现出合作，那么村民委员会作为一种组织的组织声誉可以得到村民的认同，村民就相信它；如果村民委员会的声誉是坏的，在过去的农村公共事务中或社会主义新农村建设过程中有过不合作行为，且这种行为被部分村民所察觉，村民集体行动的结果可能不确定的话，那么每一届村民委员会都不合作或者在任期即将届满且连任无望的情况下，选择不合作，村民委员会作为新农村建设的组织者就会受到声誉累积性的影响，重复博弈的结果就是村民对村民委员会的不信任。虽然从村民的角度分析，单个村民不信任村民委员会，可能难以改变博弈均衡，但当不信任的村民数量达到一定时，集体行动就会出现逆转，在政治权威不再具有强制性作用的情况下，依靠村民委员会的作用来设计、决策和实施社会主义新农村的各项事务可能会因村民的不合作而出现农民的主体作用难以发挥的现象。由此可见，村民委员会作为一种组织表现形式，存在于整个社会主义新农村建设过程中，从组织本身的角度分析，与企业并无差异，也是一个声誉的载体（Kreps，1990）。当组织成为声誉载体后，组织中的成员能否保持组织的声誉需要有足够的激励。现实中，村民委员会是长期存在的，而村民委员会的成员却是有任期要求的，是流动的，且在其即将退出村委会后，与村民无异，同样具有退出村庄这个熟人社会或半数熟人社会的选择权,这一选择权的存在,极大地降低了其不合作的机会成本,也弱化了村民委员会成员维持村委会声誉的内在激励,尤其是当村民委员会成员在连任无望的情况下,极有可能在任期的最后一次行为决策中,采用不合作的方式以期最大化其收益。任何一届村民委员会的这种行为表现往往也会给下一届村民委员会的工作带来声誉上的损失或者使村委会作为一个组织的声誉受到影响。新农村建设的民主协商制度、村民流动性与农村社区治理机制的现实赋予了村民相应的退出选择权,从而使西南少数民族地区农村社会中的重复博弈演化成为一次性博弈。村民拥有的退出权不仅是一种权力表现,而且也可能演化成为一种策略手段,使其具有功能性意义,即当村民公共利益在村庄范围受到侵蚀时,他们将以退出作为要价条件,对权力侵害者实施威胁,或者他们用退出权来回避自己的责任或发泄其对村民委员会过去不合作行为的不满。在西南少数民族地区村民与村民委员会之间基本的村庄信任缺失的情况下,退出权的策略性功能的意义就会凸显,大于权力性功能,村民将会频繁地使用退出权,从而使村民共同参与新农村建设的制度形同虚设,传统村庄范围内的合作行为消失殆尽。

第五节　两个案例的比较分析

一　凉山彝族自治州的社会主义新农村建设实践

1. 基本概况与做法。凉山彝族自治州位于四川省西南部,横断山区东北部,青藏高原东南,介于四川盆地与云南省中部高原之间,自治州北接雅安、甘孜两地州;南连攀枝花市;东北与乐山、宜宾两市接壤;东、西分别与云南省为邻。全州总面积为60114平方公里,占四川省的12.39%,总人口为448.4万人,其中彝族208.3万人,占总人口的46.45%。首府西昌市,现辖西昌、德昌、会理、会东、冕宁、宁南、盐源、木里、昭觉、美姑、雷波、甘洛、越西、喜德、普格、布拖、金阳17个县市,有612个乡镇,

3733个村。

凉山州作为一个农业人口众多的民族地区,"三农"问题由于历史、自然和发展滞后等原因至今未得到根本解决,社会主义新农村建设任务十分艰巨。自 2006 年以来,凉山州州委、州人民政府结合州农村的实际情况和社会主义新农村要求,按照"生产发展、生活宽裕、乡风文明、村容整洁、管理民主"的总体要求,推进社会主义新农村建设。

2. 存在问题。在新农村建设初期,由于对社会主义新农村建设的认识存在理解上的不到位,部分基层政府和村委会主要从能看得见的表面工作入手,忙于各种硬件设施建设,典型表现:一是各县首先选择基础条件好的地方进行社会主义新农村建设,而真正偏僻、贫困的乡村却得不到新农村建设项目的机会。二是各地普遍存在先从村容整洁入手的现象,从公路边上或者是比较当道的地方的住房外表装饰入手,将社会主义新农村建设片面地理解为村容整洁的单一目标,并且存在工作方式简单,采取行动统一的模式开展各项工作,与此同时还存在着"搭车"收费的现象,社会主义新农村建设给农民带来的利益并不明显。地方政府将社会主义新农村建设作为政绩工程和面子工程的基本出发点,势必会造成政策文本与实践内容之间的背离,不仅挫伤了农民的积极性,也影响了农民对基层政府和村两委的信任,社会主义新农村建设成了基层政府的"独角戏",农民参与和主体作用没有得到有效发挥。

3. 改进措施。凉山州州委、州人民政府在推进新农村建设过程中:一是加强了农村基层党组织的建设,基层管理制度的完善,以维系党群、干群良好关系,构建农村和谐社会,保证农村的发展与稳定,充分调动了农民参与社会主义新农村的积极性。二是注重抓好党的组织建设,建立健全各项规章制度,创建"五好"党支部,切实选准配强乡村党政组织带头人,充分发挥党组织和带头人在社会主义新农村建设中发挥好战斗堡垒和核心作用。三是创新和规范基层党组织工作内容、工作制度、工作措施,努力实现农村基层工作制度化、规范化、经常化。四是加大对基层干部的培训力度,提高基层干部综合素质，培养基层干部和村委会根据新农村建设的相关政策要求，结合当地农村的具体情况，创新实施新农村建设的能力。州委、州人民政府的这些具体措施改善了农村社区的纵向信任结构，基层组织领导能力、工作制度、执行力的增强和进一步完善，赢得了村民的信任，基层政府较好地发挥了指导、引导、组织、凝聚村民的载体作用，社会主义新农村建设成果十分明显，农业综合生产能力显著提高，农村基础设施建设明显地得到改善，原有的落后的村容村貌得到明显的改善，乡村范围内生态经济园、牲畜棚圈、沼气池等生态循环配套，形成良性生态循环，乡村文明程度也得到明显的提升。

4. 典型案例。2005—2010年，凉山州会理县铜矿村在强有力的村委会的带领下，走科技兴村之路，仅石榴一项的年均人收入就达到7000多元，户平均石榴产值达到1万元以上，家家户户用上了自来水，住上了"小别墅"，接通了可收30多个频道的闭路电视，全村240户农户拥有34辆汽车、168辆摩托，先后荣获省文明单位、州小康村、中央精神文明委文明村工作先进单位。社会主义新农村建设"二十字"目标得到了实现，综观铜矿村的社会主义新农村建设之路，我们不难看出政府和村委会在社会主义新农村建设中的具体做法赢得了广大村民的信任，是建立在信任基础上的共同富裕。

西昌市大德村村党委和村民委员会成员密切配合，从实际的村情出发，立足生态家园建设富民工程，以发展沼气为重点，采取"畜、沼、果"的发展模式取得了良好的经济、生态效益，得到了村民的拥护和信任，村民积极参与到村委会组织的各项活动中，按照村委会的统一规划和部署，采取一致性集体行动，收到了良好的效果。目前，全村现有60多户农户盖起了新式楼房，建成"畜—沼—果"生态家园，电视普及率100%，电话普及率90%，沼气入户率80%，住房面积人均达到30平方米以上，户户房前屋后有果园、经济林，绿化树木达到241750株，户户有一个20平方米以上的硬化院坝，基本上实现了村庄和农户住房的绿化、美化、亮化，全村实现了组组通公路、户户路相连。

二 贵州省社会主义新农村建设实践

1. 基本概况。贵州有 17 个世居少数民族自治县，253 个民族自治乡，民族自治地方人口 1600 多万，占全省总人口 3900 多万的 37.9%。贵州省社会主义新农村建设面临两个最为现实的困难，一是就农业人口所占的比例而言，贵州少数民族农业户人口占 91.09%，非农人口仅占 8.91%，相对于全国少数民族农业户人口数水平高 8.5 个百分点；二是就贫困程度而言，贵州少数民族地区的国家级贫困县 36 个，占全国国家级贫困县总数的 6.08%。贵州少数民族地区人口多、经济穷、素质低、交通不便等因素决定了其推进社会主义新农村建设需要付出更大的努力。

2. 具体做法。贵州在社会主义新农村建设试点过程中，在全省选择了 103 个试点村，经过 2006 年至 2010 年五年的努力，103 个村的农业生产有了新进展，农民生活有了新改善，农民素质有了新提升，农村面貌有了新变化，农村文明有了新进步，取得了可喜的成绩。虽然各个村在试点过程中都有自己的做法和成功经验，但正如贵州省省委副书记在全省社会主义新农村建设"百村试点经验交流会"上的讲话中所强调的，有一个好的村级领导班子，为试点工作的顺利开展提供了重要保证"，村支书、村主任要在社会主义新农村建设中带头致富，带领群众致富，带头建设新农村，带领群众建设新农村，承担起社会主义新农村领导者、组织者、实施者的责任和义务，赢得村民的信任和支持，有力地促进农民主体作用的发挥。一旦基层政府带错路，村民很难从客观角度去看，只会加深对基层政府的不信任，因此，贵州少数民族地区必须根据现实民情，走出一条社会主义新农村建设的特色之路。

3. 典型案例。贵州册享县羊场村、织金县麻窝村、织金县佳夸村等贵州新农村建设试点村充分发挥农村社会资本的作用，利用农民对老党员、老村干部、老劳模等村里有威望的人的信任，积极发挥两委在新农村建设中的作用，各试点村所在乡、镇党委政府高度重视两委的建设，一是在社会主义新农村建设中充分发挥两委的积极性，帮助村里调整产业结构、抓生产发展。织金县麻窝村在村委会的带领下，利用海拔较低的地域优势，发展做蔬菜食用的早熟糯玉米，种植优质樱桃和香桃，很快就形成了一定的规模，成为农民增收的主要项目。村委会带领农民发展特色产业并让农民尝到增收的甜头，增加了村民对村委会的信任，作为一种互惠，村民积极参与到村委会组织的各种新农村建设的活动中，极大地降低了社会主义新农村建设的组织成本。二是充分发挥两委在群众工作上的经验和威望上的优势，积极引入外部资金发展农村经济。黔西县韦寨村两委积极引资创办的明智养殖场，占地面积达到100余亩，惠及多家农户，实现了共同富裕。册亨县者楼镇羊场村党支部书记岑南光，因带领村民种植蔬菜而改变了村庄面貌，被村民们亲切地称为者楼河畔的"财神爷"。册亨县者楼河沿线日照丰富，气温适宜，全年无霜期达345天，素有"天然温室"之称，非常适合种植早熟蔬菜。20世纪80年代中期，册亨县组织岑南光等6人到邻近的黔南州罗甸县学习早熟蔬菜种植技术后，他便带头与村民试种早熟蔬菜，自己带头承担从事新品种种植的风险，村委会负责人的无私精神赢得了村民的信任。在岑南光等人的示范带动下，羊场村早熟蔬菜种植面积逐年扩大，从最初的4亩扩大到100多亩，再到现在的2000多亩，品种也从最初的单一化逐步走向多样化，辣椒、西瓜、棒豆、茄子、番茄、黄瓜早熟蔬菜远销贵阳、成都、重庆、长沙，一亩早菜可收入5000元左右，形成了独具特色的"者楼模式"。在羊场村的辐射带动下，册亨县早熟蔬菜面积不断扩大，2013年，全县蔬菜种植面积达到12.27万亩，产量达14.5万吨，菜农户均收入达8000元以上，最高达6万余元。如今，"者楼模式"已成为黔西南州石漠化治理四大模式之一（黄诚克，2014）。

第六节 本章小结

总体上，中国农村社会结构正经历着由传统的乡土社会向契约型社会结构转变。同样地，随着我国经济社会发展，中东部地区的经济快速增长和城市就业机会的增加对西南少数民族的农村青、壮年劳动力产生了巨大的吸引力。随着大量的农村人口外出，西南少数民族的社会主义新农村建设过程的要素资本、社会资本都受到了挑战，面临着经济资源和社会资源的双重约束。社会主义新农村建设的民主决策制度是嵌入在经济转型和社会转型的农村社会特殊结构中的正式制度安排，这一制度本身与特有的农村社会村庄信任对村民、村民委员会形成了不同的激励结构，从而导致不同的行为特征。

本章通过对西南少数民族地区新农村建设制度的比较分析，得出以下结论：在以家庭承包为基本生产经营制度的现实背景下，以农民为主体的新农村建设制度不仅受到了农村社区范围内农户之间收入和需求结构不同的现实挑战，而且也受到了由新农村建设主体与组织者之间的信任关系的影响。基层政府在新农村建设过程中的不合作行为将会导致农村社区内村民对新农村建设组织者的不信任，从而增加社会主义新农村建设的组织难度，以此为基础的新农村建设过程中的民主决策制度，就演化成为一个村民与村民委员会之间的博弈过程，而在一个封闭的村落社会中，合作的均衡结果会自动地出现，而在一个开放的、人口流动性不断增强、村民委员会有确定的任期环境下，合作均衡结果却很难出现，这很好地解释了新农村建设过程中的"事难议，议难决，决难行"的"三难"现象。

第九章　治理结构与西南少数民族地区新农村建设合作行为研究

西南少数民族地区新农村建设行为发生在一个特定的社区治理环境中，决定于村民、村民委员会、乡镇政府合作水平与治理机制。村民委员会在新农村建设过程中扮演着代理人、当家人的双重角色，是新农村建设的组织者，居于核心位置，其合作行为直接影响和制约着新农村建设的配置效率和组织效率。理论上，在现行的农村社会治理模式下，村民委员会的行为既受村民的监督和制约，又受上级政府的控制和约束，处于村民监督和政府监督之中，两者的监督共同构成了新农村建设合作行为的治理结构。本章以行为主体的关系结构为基本研究视角，采用结构分析方法，将西南少数民族地区现有农村社区治理结构界定为垂直治理和水平治理的综合体，以新农村建设行为是嵌入在现实的社区治理结构中的合作性行为及与农村社区的治理结构密切相关为基本预设，建构起一个基本的合作行为分析框架，对不同治理结构下的合作行为的动态演化进行了解释，以此为基础，采用相关案例，对治理结构与机制对主体作用的关系进行了进一步的阐述。

第一节　农村治理结构与新农村建设的分析框架

只要世界存在着粮食和农产品生产的需要，存在着地理、文化和治理体系方面的支持，农业、农民、农村和村庄以及发生在村庄内的合作行为就会继续存在于人们的视野里和记忆中（Essex, Stephen et al., 2005）。传统的中国农村社会是典型的村落世界，其合作模式是建立在封闭性的差序格局中的，是基于血缘、亲缘和地缘关系的互惠性合作，与市场经济条件下、建立在契约基础上的交易性合作有着明显不同的合作内容、行动逻辑和运行机制。在村落世界的日常社会生活中，受时间、空间的约束，社区范围内的理性居民的行为动机不仅是基于个体自身利益的计算，又有别于一次性博弈，理性个体的任何一次行为决策都必须将利益相关者的行为策略和未来合作收益纳入自己的行为决策体系中，进行成本—收益的比较计算，行为决策是基于大尺度的跨期、重复序列博弈，特殊信任和确定性预期在传统的农村社区性合作中发挥着重要作用。传统农村社区范围内的合作行为是社会学、经济学和生物化学研究的重点。社会学从血缘、亲缘、族缘、地缘等行为主体之间的社会关系结构角度对传统的村落社会的合作行为动机、行为模式给予了解释，其基本的逻辑推论是：传统的乡村社会是一个熟人社会或半熟人社会，其关系结构是一种"差序格局"，建立在相互之间合作行为的基础是信任，且这种信任是一种内外有别的特殊信任，跨期利益最大化是相互之间合作行为产生的根本性动机，合作行为的本质是以家庭或个体为本位的利益计算，是基于稳定回报预期的互惠性合作（费孝通，2004；贺雪峰，2007；罗伯特·阿克塞文罗德，2007）。在新古典经济学的理性主义范式内，行为主体在采取合作行动决策之前都会对合作所产生的共同利益或个体利益进行"计算"，这种"计算"不仅包括对合作的共同利益、个体利益的预期，也包括对不合作的共同损失、个体损失以及两者之间的分布概率的权衡。如果合作所产生的共同利益十分明显，大到足以忽略为此而付出的成本，或者因不合作而产生的利益损失达到组织内个体成员难以承受的水平，人们就会在没有外在的压力和强制性制度安排的情况下形成合作，也就是说，合作行为会在没有集权的环境中自动生成，并形成一种自发秩序，从而否定了霍布斯的"没有集权的合作是不可能产生"的悲观命题。① 动物学有关动物合作行为的研究结果表明，合作不仅限于人类，也是其他许多动物物种的行为模式，合作意识和合作行为的存在才使得"社会成为可能"（Bekoff, Marc, 2001）。除亲缘选择理论外，基于回报的利他性合作行为有利于提高种群的适合度，一个有机体付出代价帮助另一个有机体，可以在下一次受到另一个有机体帮助时获得更大的利益，存在着互惠利他行为（R. L. Trivers, 1971）。尤其是当个体之间存在利益冲突时，采取合作策略而不是背叛策略不仅可以使有机体在生物种群的竞争中保持竞争优势，而且也是一种生存策略（罗伯特·阿克塞文罗德，2001）。

传统中国农村的社区性合作一直以来是国内外社会学研究的重点。农村社区的合作主要是依靠血缘、亲缘、地缘关系等功能性组织来实现的，有别于公民社会的合作基础，然而无论是在何种社会结构下，维持正常的合作关系主要依赖三种力量：组织力量、道德文化力量、法律或契约的力量（吴理财，2004）。新中国成立后，在人民公社体制下，由国家政治的强力推动的乡村合作运动产生了巨大的经济、社会效益，村落社会中的农业生产、农民生活所需要的农村社区范围内基础设施建设在基层政府的政治强权作用下基本实现了自给自足。外生于农村社会的组织体系在保证农村社区范围内基础设施建设的同时也极大地消解了村庄内的组织、场域、习俗、规范对农民合作行为的影响力（董磊明，2004）。农村家庭联产承包责任制实施以来农业生产组织的集体劳动被家庭劳动所取代，分权模式下的个体家庭决策代替了集权体制下的集体决策模式，一方面，村庄内的农民高度分散，呈原子化状态，农民松散的组织形态以及市场经济对个体经济利益的强化，导致村民之间基于共同利益的交互合作频率明显降低，内生于村庄内部的道德舆论对

---

① 在自私动机支配的世界中，对合作行为产生的解释是多视角的，在托马斯·霍布斯（Thomas Hobbes）看来，自然王国充满着由自私的个体残酷竞争而引起的矛盾，生活显得"孤独、贫穷、野蛮和浅薄"（Hobbes, 1651/1962），按照他的观点，没有集权的合作是不可能产生的，因此一个强权政治是必需的。

行为人的约束作用软化；另一方面，村民自治的实施意味着大一统的政治强权正在逐渐退出底层的农村社会，原有的基于政治强权而产生的合作行为正在被民主参与模式所取代，基于自然属性的合作正受到合作主体观念、关系结构和环境因素的影响和制约，合作场域因素的变化危及了农村社区自发合作秩序。农村基层社区的经济、社会环境因素的变化共同构成了农村社区性合作行为的环境条件。如果公共产品供给过程中的合作行为发生在特定的社区组织中，社区的治理结构作为社区的一种组织特征变量，它的存在与社区范围内的合作行为的关系是什么就应该是微观层面的合作行为研究的内容。以此为背景，那么中国西南少数民族地区农村社区治理的一般性特征是什么，以中国西南少数民族地区农村社区的一般性特征为基础，其不同的治理模式会导致怎样的合作行为，也就是西南少数民族地区农村社区合作行为的动态演化规律是什么，不仅是乡村社会管理创新研究的基础，也是合作行为理论研究的一个层面。如果以西南少数民族地区村庄范围内的社区治理结构为微观层面的社区合作行为研究的背景，那么农村社区合作的治理特征是什么？不同的治理主体的行为对西南少数民族地区新农村建设合作行为的影响机理就成为整个问题研究的重要基础。为使问题研究更具有针对性，本书仅将西南少数民族地区农村社区范围内的合作行为界定为发生在村民、村民委员会、乡镇政府三者之间，并以合作行为决定于农村社区范畴的治理结构，受制于垂直治理与水平治理为基本命题，建构了一个农村社区的治理结构与农村社区范围内的合作行为之间的关系研究框架，集中回答不同的治理模式对西南少数民族地区新农村建设合作行为的影响机理，也就是在西南少数民族地区现有的农村治理结构下，不同行为主体的合作行为的行动逻辑问题。

第二节　组织层面的农村社区治理环境与结构分析

农村经济、社会的发展是社会主义新农村的建设目标，这一目标的实现离不开基础设施的建设。农村社区范围内基础设施的建设是整个公共产品谱系的重要部分。农村社区范围内基础设施的建设水平与结构决定于村民与其他利益相关者之间共同合作的结果。在社会资本理论体系中，社区层面的合作行为被认为是重要的社会资本，也是农村基层组织存在和发展的主要功能。如果没有外在强制性制度安排和内生的约束力，在自利动机的影响下，每个人基于自身不同的利益计算都有可能使其自身成为乡村合作的破坏者，从而使乡村社会内部的合作行为陷入"集体行动"的困境（奥尔森，1989）。因此，在制度经济学看来要促成村庄范围内村民之间就公共利益而形成一致性合作行为，就必须有一套内在的机制或外在的强制性制度安排来激励合作者和惩罚不合作者。早期的研究表明，在一个社区范围内激励和惩罚机制的存在将会对合作行为产生影响，激励系统的存在将会影响合作者的社会声誉，而惩罚机制将会改变局中人的支付结构，从而促成了个体之间的合作。显然，外在制度安排和内生制度对社区范围内的合作行为的作用机理和路径是不同的，其作用的发挥都依赖于一种合理的组织和相应的治理结构，而治理结构是以主体之间的关系和角色划分为前提条件的，也就是说合理制度安排的绩效依赖于制度实施主体的关系结构，治理结构对行为有激励和约束作用。

在西南少数民族地区村庄自治的共同体内，村民与村民以及从村民群体中产生的利益代表或代理人共同构成了农村基层治理结构，同时他们也是新农村建设的主体，虽然二者之间的关系和角色是互为因果的，但由村民通过一定仪式而产生的村民利益代表就必然被赋予与其组织形式相一致的权力，在村庄集体事务的集体决策中居于特定的位置,一方面,这种特定的位置将会带给村民利益代表特定的资源优势,从而带给其相机抉择的便利,从而产生个人层面的机会主义行为动机;另一方面,村民利益代表在村庄权力关系结构中的特定位置和特殊权力决定了其行为决策的重要性[①],其行为决策不仅事关村民组织的共同利益,而且在整个新农村建设中具有至关重要的作用,是整个行为体系运作的核心。与中国的广大农村一样,在中国西南少数民族地区现实的农村社区管理体系中,村民利益代表是以村民委员会这种组织形式而存在的,虽然村民利益代表的基本身份仍然是村民,但其组织身份是村干部。将村干部放在中国特定的政治环境下,在"自上而下"的权力运作系统中,村干部扮演着"中间人"的角色,不仅是村民利益的代表,也是上级政府对农村基层管理的代理人。在中国西南少数民族地区的现行行政体系中,村干部行为的组织基础是村民委员会,村民委员会名为村民自治组织,然而在现实的制度和经济体制中,村集体组织在权力运作和外在的经济资源获取两个方面都会受到乡镇政府的控制和影响,且这种控制和影响是相机性的,具有高度的不确定性,乡镇政府除根据强制性政策规定之外,还会根据村民委员会在具体事务中的不同表现而给予不同的农村社区性组织不同额度的经济资源。由此可见,西南少数民族地区村民委员会并不是完整意义上的自治组织,乡镇政府在村民委员会的日常政治、经济、社会活动中拥有决定性话语权,乡镇政府与村民委员会在实际运作过程中所体现出来的关系形成了具有中国特色的农村治理模式,这种模式一方面使村民委员会成为国家强权政治下乡的主要载体和通道,村民委员会积极有效的配合将更加有利于乡镇政府的各项工作的组织开展,从而有效地保证了地方政府实现经济增长、社会稳定等相关政策措施在农村基层社会的贯彻实施,是乡镇政府工作系统中的重要一环;

[①] 哈罗德·拉斯基强调组织的存在是为了实现"一个集团成员共同拥有的"目的或利益;R. M. 麦基弗认为,每个组织都预先假定有一个其成员共同享有的利益。参见 R. M. MacIver, "Interests", *Encyclopaedia of the Social Sciences*, Ⅶ, New York: Macmillan, 1932, p. 147.

另一方面村民委员会与乡镇政府之间的特殊关系强化了村民委员会与乡镇政府之间的利益关联，也就是说，在相互之间没有明确的权力范围界限，且乡镇政府对村民委员会的政治、经济、社会活动的干预具有随意性的现实中，村民委员会不仅难以成为一个独立的自治组织，而且会形成纵向层面的附庸—庇护关系结构。通常地，以乡镇政府与村民委员之间的权力界限模糊为行为环境，乡镇政府出于自身利益的最大化，为保证国家以及有利于自身利益的政策措施能够在农村社区性组织中得以贯彻实施并体现其政治、经济权威性，乡镇政府具有将村民委员会成员作为政府官员或者国家治理体系在广大农村的延伸而加以利用的强烈动机，总是趋向于将村民委员会和村干部纳入行政管理体系中而加以正式管理，使其成为乡镇政府农村事务决策中的关键人。纵向层面关键人的存在保证乡镇政府在村民群体中获取信息利益并降低了其维持村民群体网络的成本（Ronald Burt，1992）。因此，基于乡镇政府的利益考虑，建立起对村民委员会成员的激励性制度安排和相应的约束制度更容易成为乡镇政府的一致性行为，现实表现就是在乡村事务管理中，如面对乡村内部的社会冲突、矛盾、日常事务纠纷的处理时，"行政上"置于村民委员会上端的乡镇政府将会因事的不同，将自身的短期利益与长期利益纳入其行为决策的体系中而进行利益权衡，国家的相关政策和村民的利益将会被搁置在外，成为乡镇政府与村民委员会之间的关系博弈。如果将村民委员会视为乡镇政府的代理人，那么回到广大西南少数民族地区农村的现实中，村庄范围内的各种矛盾、冲突往往是因为乡镇政府的政策失当触及村民利益而引起的。乡镇政府在与村民委员会在农村各种社会治理中，乡镇政府往往既是矛盾冲突的制造者，又是矛盾冲突的化解者。现实生活中乡镇政府的双重角色的发生机制是可以分解的，不同体制和环境条件，两种角色此消彼长（赵树凯，2005）。西南少数民族地区乡镇政府与村民委员会的关系决定了乡镇政府在与村民委员会的行为博弈中具有绝对的优势，具有较强的控制能力，其行为表现将决定村民委员会的行为。

第九章 治理结构与西南少数民族地区新农村建设合作行为研究

在西南少数民族地区新农村建设过程中，村民委员会是组织者和具体的实施者，虽然其行为受村庄内部经济发展、横向层面的村庄之间的竞争、纵向层面的政府经济发展目标等多种因素的影响，但来自村庄内部的监督发挥着重要的约束作用，与村庄内部的治理组织的力量大小和强弱密切相关。在西南少数民族地区村庄的治理体系中，围绕着新农村建设可以组成纵向和横向两种形式的治理结构，一是由乡镇政府对村民委员会在整个村庄的新农村建设行为，包括对决策目标、原则、程序、供给组织、绩效评估等环节进行全程的监督；二是由村民自发地选择部分有能力的村民对整个新农村建设进行监督。显然，这两种监督是两种不同类型的治理模式。前者为垂直治理，是外在力量的治理；后者为水平治理，是内部力量的治理。在垂直治理体系下，被监督的下属居于代理人的角色，具有社区性公共产品供给的信息优势，而那些在村庄内部支撑互惠规范的惩罚手段，不大可能向上实施。以西南少数民族地区现行的乡镇政府与村民委员会之间的关系为基础，垂直治理更容易形成乡镇政府与村民委员会之间政治上的"庇护—附庸"关系，这种关系的存在将会影响乡镇政府对村庄公共事务的监督意愿和监督强度，导致农民参与社会主义新农村建设的成本—收益结构的变化，从而影响村民委员会、村民在新农村建设过程中的合作行为动机和合作行为。

社会主义新农村建设的目标更多地表现为公共性，具有公益品的经济和社会属性。公共产品有效率供给理论认为：农村社区范围内的基础设施应该由受益界限明确的社区居民提供。农村社区范围内基础设施的受益范围清楚，因此，一定空间范围内的居民就是供给主体。如果农村村民自发组织建设农村社区范围内的基础设施能持续而有效地改进新农村建设现状，那么就必须将农村社会的关系和权力结构纳入对村民、村民委员会这两个行为主体在整个供给过程中的互动性研究分析中（陈宇峰，2006）。由于经济行为对于社会网络的嵌入性，原有的以血缘和地缘为特征的社群本身就具有防止"搭便车"的治理机制，从而社区性的公共产品将会形成自发性供给，也就是说，在一个具有明确界限的社区范围内，就公共事务而形成的合作行为将会在没有外在压力和强权治理的环境中自动生成。现行的农村社会是以行政村为基本组织形式的半熟人社会，而行政村是"规划社会变迁"的结果（贺雪峰，2000）。这充分说明农村社会组织结构既是自然变迁的结果，也是强制性制度变迁的结果。在西南少数民族地区新的乡村组织制度设计中，村庄被定义为自治实体，农村社区性组织是村庄事务的管理者。但由于在村民委员会民主选举过程中，县、乡政府的"全能"角色和村民委员会与乡镇政府部门之间的特殊关系，使现行的农村社会成为本质上的自主性管理与行政性管理的结合体（肖唐镖、唐晓腾，2001）。在这样的治理结构中，西南少数民族地区农村社区范围内，以公共利益为基础的新农村建设的自发参与就很难脱离纵向层面的影响。如果将纵向层面的影响界定为交易，那么交易成本与供给收益就是整个过程中合作行为的决策要点。在交易成本经济学的范式中，监督成本既是交易成本的重要组成部分和典型形式，也与监督的组织方式有关，而监督的组织方式的本质是一种治理结构，会直接影响到社区性公共产品自发性供给过程的合作行为，从而影响其供给的有效性。由此可见，西南少数民族地区农村社区范围内的自发性新农村建设合作行为发生在特定的关系结构中，村民、村民委员会、乡镇政府三者成为新农村建设场域中的关系人，三者之间形成的关系结构和治理结构与供给主体行为之间存在着内在的关联，是影响西南少数民族地区新农村建设合作行为的关键性变量。

第三节　主体合作行为理论模型构建与均衡条件演化

如果以新农村建设过程中主体之间的权力关系结构和在特定的权力关系框架体系下的行为主体的策略性行为为基本视角，那么西南少数民族地区新农村建设过程就是村民、村民委员会、乡镇政府

第九章 治理结构与西南少数民族地区新农村建设合作行为研究 157

三者围绕村庄公共利益的分工合作、不合作行为博弈，是监督、不监督行为以及监督管理效率的结果，村庄治理结构是影响其结果的关键变量。显然，在西南少数民族地区现实的乡村社会中，随着农村社会经济、社会的发展，村庄权力的表现形式、权力构成及权力分布在不同场域内呈现出多个层面的差异，既有政治、经济方面的权力，也有社会习俗等制度层面上的权力，与此相伴生的农村社会关系内涵也有所不同，原有的血缘、亲缘、地缘等传统关系内涵更多地渗入了经济成分，经济利益的计算更多地决定着关系缔结和关系结构的演化。为使问题分析简化，能够集中地反映研究环境和研究对象的特点，我们仅从政治与经济两个层面来解析西南少数民族地区现有村庄治理环境条件下农村社会的权力构成和关系特征。从现实情况分析，一方面村民委员会作为农村社会的一个特定的群体，他们产生于农村社会内部，他们的存在满足了乡村治理的内在需求，在乡村治理的社会架构中，他们居于承上启下的位置，特定的位置决定了他们的行为决策具有结构和信息优势。在整个农村社会的权力体系中，村民委员会处于中间位置，拥有更多的重复性关系，具有明显的信息利益（Ronald，Burt，1992）。村民委员会集国家代理人、社区守望人和家庭代言人三种角色于一身，具有政治合法性，处于结构洞位置①，向上他们具有更多的可以动用的政治资源而不乏与村民具有相同的地方性知识（叶本乾，2005；杨善华、罗沛霖、刘小京、程为敏，2003）。村民委员会所具有的这种政治优势奠定了其策略性行为选择的比较优势，也更容易促成其在村庄公共事务中的机会主义行为。另一方面在以经济建设为主旋律的背景下，以民主选举作为基本的村庄治理模式，"经济能人"更容易在选举中获胜，也就是说"经济能人"的获胜不仅决定于其政治主张，而且也得益于其经济主张和其家庭在整个经济活动中的历史和现实表现，正因为其卓越的经济能力为村民所熟知，往往更容易被

---

① 社会网络理论认为，处于结构洞位置的行动者与网络中其他位置上的成员相比，更容易获取"信息利益"和"控制利益"的机会，因而更具竞争优势。

寄予能够带领村民获取更好的经济收益的期许，因此从这一角度分析，村民委员会无论是作为一个整体，还是每个成员作为单独的个体，他们都较一般意义上的村民具有更多的、可动用的经济资源，经济资源为其在社区性公共产品供给过程中的策略性行为选择创造了条件和优势。在这种权力结构下，以合作参与新农村建设为基本事实，像其他村民一样，村民委员会不仅是建设的主体，而且是新农村建设的组织者和实施者，乡镇政府作为外在的第三方，以裁判的角色存在，三者之间在新农村建设过程中既有共同利益，也有不同的利益诉求。一方面，村民与村民委员会成员都是村庄共同体的成员，都是建设主体，一个局限于村庄范围内基础设施的建设，其受益方式和利益大小基本上是平等的；另一方面，农村社区范围内基础设施与农村社区的经济发展、生活条件改善相关联，其建设水平的提高对政府的执政政绩具有显示作用，这是作为农村社会管理者的乡镇政府愿意看到的结果，也是村民委员会期望的结果，他们两者之间在提高新农村建设水平决策中更容易达成一致，而采取一致性行为。然而任何一次完整的农村社区范围内基础设施的建设不仅包括决策而且涵盖了实施以及实施效果，在建设主体规模小、信息透明的情况下，任何一次基础设施建设过程中的主体合作行为都会在其他主体的行为中形成记忆，成为其后续决策的选择依据，从而影响其后续的合作行为。如果就以村民委员会作为新农村建设决策的组织者而言，新农村建设决策更多的是基于政治和经济利益的考虑，那么在决策后的实施过程中，村民委员会的合作行为就成为影响和制约村民响应性合作行为生成的关键。以村民委员会的合作行为作为问题分析的焦点，那么内外的监督将会成为乡村社会合作行为决策的重要变量。现实的问题是从经济理性假设的视角出发，将西南少数民族地区村民委员会的合作行为置于新农村建设过程中的中心，村民和乡镇政府对村民委员会的监督不仅会形成其治理结构而且任何一次合作行为的生成都决定了相互之间的行为博弈，因此基于治理结构的新农村建设过程中的合作行为实则为乡镇政府、村民对村民委员会合作行为的监督，其合作行为的概念模型如图

9-1所示。村民、乡镇政府在什么样的情况下才会监督，他们不同的监督强度对村民委员会的合作行为影响机理是什么就成为整个问题的核心。

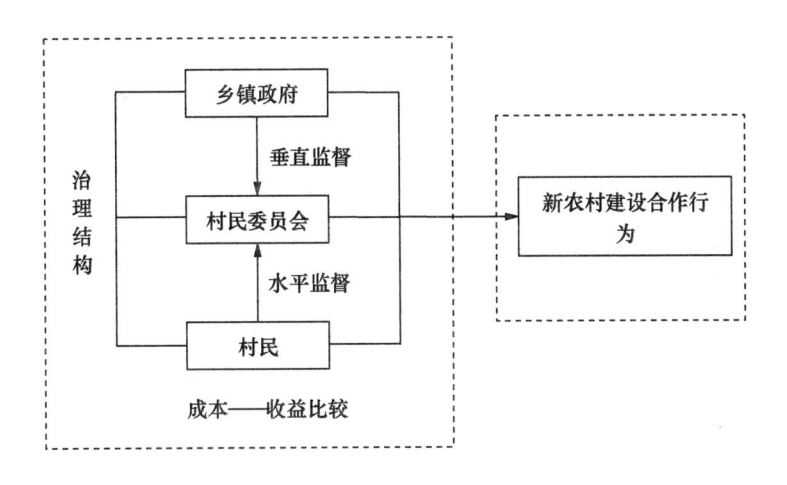

图9-1 治理结构与西南少数民族地区新农村建设合作行为关系

一 乡镇政府与村民委员会合作行为博弈模型

现假设西南少数民族地区乡镇政府对村民委员会在新农村建设过程中的监督收益完全与村民利益一致，其策略行为空间为（监督，不监督），村民委员会的策略行为空间为（合作，不合作），两者之间在完全信息框架下进行行为博弈，而乡镇政府与村民委员会的策略行为选择与外在的环境因素有关，而外在的环境因素更多地表现为一种外在的约束和压力结构。

1. 模型的基本假设与构建

村民委员会的成本收益假设：村民委员会选择与乡镇政府进行合作，其合作行为的收益为π_1。村民委员会选择不合作其行为的收益为π_2，非合作行为可能会被村民发现，发现的概率为θ，从而使村民委员会在村民中的形象受损，损失为p，若乡镇政府不采取监督措施，则村民委员会的总收益为$\pi_2 - \theta p$，若乡镇政府采取监督措施发现村民委员会的不合作行为则会对其做出处罚m，则村民委员

会的总收益为 $\pi_2 - \theta p - m$。

乡镇政府的成本收益假设：乡镇政府选择对村民委员会进行监督策略，监督成本为 c，其意义是保证政令畅通，顺利完成其本职工作并不产生收益，因此当村民委员会选择合作策略时，乡镇政府的收益为 $-c$；当村民委员会选择不合作策略时，乡镇政府从村民委员会处可以获得 m 的收益，则总收益为 $m-c$。乡镇政府选择不监督策略，若村民委员会与乡镇政府合作，乡镇政府的收益为 0，若村民委员会不合作，由于存在被村民发现不合作行为的可能性，概率为 θ，若被村民发现村民委员会的不合作行为，村民认为乡镇政府不作为而产生成本 q，则总的收益为 $-\theta p$。

表 9-1 村民委员会与乡镇政府的支付矩阵

		乡镇政府	
		监督	不监督
村民委员会	合作	$\pi_1, -c$	$\pi_1, 0$
	不合作	$\pi_2 - \theta p - m, m - c$	$\pi_1 - \theta p, -\theta p$

根据支付矩阵我们可以构建起西南少数民族地区乡镇政府与村民委员会之间的动态复制方程。假设村民委员会选择与乡镇政府合作策略的概率为 x，则村民委员会选择不合作策略的概率为 $1-x$；乡镇政府选择对村民委员会行为进行监督策略的概率为 y，选择不监督策略的概率为 $1-y$。

村民委员会选择合作、不合作的期望收益分别为 U_1、U_2，村民委员会的平均期望收益为 $\bar{U}$。

$$U_1 = y\pi_1 + (1-y)\pi_1 = \pi_1 \tag{9-1}$$

$$U_2 = y(\pi_2 - \theta p - m) + (1-y)(\pi_2 - \theta p) = \pi_2 - \theta p - ym \tag{9-2}$$

$$\bar{U} = xU_1 + (1-x)U_2 = \pi_2 - \theta p - ym(\pi_1 + \theta p + ym - \pi_2)x \tag{9-3}$$

乡镇政府选择对村民委员会的合作行为进行监督、不监督的期望收益分别是 V_1、V_2，则乡镇政府的平均期望收益为 $\bar{V}$。

$$V_1 = -cx(1-x)(m-c) = m - c - mx \quad (9-4)$$
$$V_2(1-x)(-\theta p) = (x-1)\theta p \quad (9-5)$$
$$\overline{V} = yV_1 + (1-y)V_2 = y(m-c-mc) + (1-y)(x-1)\theta p \quad (9-6)$$

根据马尔萨斯方程分别构造西南少数民族地区村民委员会和乡镇政府行为演化博弈的状态转移方程：

$$F(x) = \frac{dx}{dt} = x(U_1 - \overline{U}) = x(1-x)(U_1 - U_2) = (\pi_1 + \pi_2 + \theta p + ym)(x - x^2) \quad (9-7)$$

$$F(y) = \frac{dy}{dt} = y(V_1 - \overline{V})$$
$$= y(1-y)(V_1 - V_2) = y(1-y)[m - c + \theta p - (m + \theta p)x] \quad (9-8)$$
$$F(x)' = (\pi_1 - \pi_2 + \theta p + ym)(1 - 2x) \quad (9-9)$$
$$F(y)' = (1 - 2y)[m - c + \theta p - (m + \theta p)x] \quad (9-10)$$

令 $F(x) = 0$，得奇点 $x_1 = 0$，$x_2 = 1$，

$$y^* = \frac{\pi_2 - \pi_1 - \theta p}{m} \quad (9-11)$$

令 $F(y) = 0$，得奇点 $y_1 = 0$，$y_2 = 1$，

$$x^* = \frac{m - c + \theta p}{m + \theta p} \quad (9-12)$$

2. 村民委员会策略行为的演化稳定性分析

显然，若 $y = \frac{\pi_2 - \pi_1 - \theta p}{m}$，则 $F(x) = 0$，因此所有的 x 都是稳定状态。当 $y \neq \frac{\pi_2 - \pi_1 - \theta p}{m}$，$x$ 有两个可能的稳定状态：$x_1 = 0$，$x_2 = 1$。根据微分方程稳定性理论，采用直接法对可能的稳定状态进行检验，使 $F(x)' < 0$。当 $\pi_2 - \theta p < \pi_1$ 时，也就是在村民监督条件下村民委员会采取不合作策略的收益比村民委员会采取合作策略收益小时，此时，$\pi_1 - \pi_2 + \theta p + ym > 0$，为使 $F(x)' < 0$，则稳定策略为 $x-1$ 而与 y 的取值无关；当 $\pi_2 - \theta p > \pi_1$ 时，在村民监督条件下村民委员会采取不合作策略的收益大于合作的收益，此时：①若 $y > \frac{\pi_2 - \pi_1 - \theta p}{m}$，为使 $F(x)' < 0$ 成立，则 $X_2 = 1$ 为演化稳定策略；②

若 $y < \dfrac{\pi_2 - \pi_1 - \theta p}{m}$，为使 $F(x)' < 0$ 成立，则 $x_1 = 0$ 为演化稳定策略。

由上面的分析可知：在西南少数民族地区村民委员会选择与乡镇政府不合作的收益和村民监督的期望成本之差比村民委员会选择与乡镇政府合作策略收益小时，无论乡镇政府是否选择对村民委员会的合作行为进行监督，村民委员会都会选择与乡镇政府进行合作的策略，即存在一个超优策略。相反，当西南少数民族地区村民委员会不合作收益与村民监督的期望成本之差大于与乡镇政府合作的收益时，村民委员会合作行为决策选择依赖于乡镇政府的策略选择，乡镇政府选择监督策略的可能性越大，村民委员会就越有可能选择与乡镇政府合作的策略。

3. 乡镇政府策略行为的演化稳定分析

与上面的分析相似，若 $x = \dfrac{m - c + \theta q}{m + \theta q}$，则 $F(y) = 0$，因此对应的所有 y 都是演化稳定策略。若 $x \neq \dfrac{m - c + \theta q}{m + \theta q}$，$y$ 有两个可能的演化稳定状态：$y_1 = 0$，$y_2 = 1$。

当 $m - c + \theta q < 0$ 时，乡镇政府选择监督的收益 $(m - c)$ 小于选择不监督的收益 $(-\theta q)$，这时 $m - c + \theta q - (m + \theta q)x < 0$，因此，$y_1 = 0$ 为乡镇政府的演化稳定策略而与村民委员会选择的策略无关。当 $m - c + \theta q > 0$，也就是乡镇政府选择监督策略的收益 $(m - c)$ 大于选择不监督策略的收益 $(-\theta q)$，这时乡镇政府的策略选择取决于村民委员会策略选择的概率。①若 $x < \dfrac{m - c + \theta q}{m + \theta q}$ 时，为使 $F(y)' < 0$，演化稳定策略为 $y_2 = 1$，此时乡镇政府的策略为选择对村民委员会的合作行为进行监督；②若 $x > \dfrac{m - c + \theta q}{m + \theta q}$ 时，为使 $F(y)' < 0$，演化稳定策略为 $y_1 = 0$，此时乡镇政府的策略选择为不对村民委员会的合作行为进行监督。

上述分析表明：当西南少数民族地区乡镇政府选择监督策略的成本大于选择不监督策略的成本时，乡镇政府会选择不对村民委员

第九章　治理结构与西南少数民族地区新农村建设合作行为研究　163

会的合作行为进行监督，这个策略选择与村民委员会的策略选择无关；当西南少数民族地区乡镇政府监督策略的成本小于不监督策略的成本时，乡镇政府的策略选择依赖于村民委员会合作行为的策略选择，村民委员会选择合作策略的可能性越大，乡镇政府就越有可能选择不对村民委员会进行监督的策略。

4. 村民委员会与乡镇政府策略的演化稳定性分析

村民委员会与乡镇政府的演化稳定策略由一个微分方程组组成：

$$\begin{cases} F(x) = \dfrac{\mathrm{d}x}{\mathrm{d}t} = (\pi_1 - \pi_2 + \theta p + ym)(x - x^2) \\ F(y) = \dfrac{\mathrm{d}y}{\mathrm{d}t} = y(1-y)[m - c + \theta q - (m + \theta q)x] \end{cases} \quad (9-13)$$

系统的 5 个奇点分别为 $(0, 0)$、$(1, 0)$、$(1, 1)$、$(0, 1)$、$\left(\dfrac{m - c + \theta q}{m + \theta q}, \dfrac{\pi_2 - \pi_1 - \theta p}{m}\right)$，当且仅当 $0 \leqslant \dfrac{m - c + \theta q}{m + \theta q} \leqslant 1$，$0 \leqslant \dfrac{\pi_2 - \pi_1 - \theta p}{m} \leqslant 1$ 时成立。通过对线性微分方程组雅克比矩阵的局部稳定性分析来找到演化博弈的演化稳定点。上面微分方程系统的雅克比矩阵为：

$$J = \begin{pmatrix} (\pi_1 - \pi_2 + \theta p + ym)(1 - 2x) & mx(1 - x) \\ -y(1 - y)(m + \theta q) & (1 - 2y)[m - c + \theta q - (m + \theta q)x] \end{pmatrix} \quad (9-14)$$

矩阵 J 的行列式表达为：

$$detJ = (\pi_1 - \pi_2 + \theta p + ym)(1 - 2x)(1 - 2y)[m - c + \theta q - (m + \theta q)x]mx(1 - x)y(1 - y)(m + \theta q) \quad (9-15)$$

矩阵的迹为：

$$trJ = (\pi_1 - \pi_2 + \theta p + ym)(1 - 2x) + (1 - 2y)[m - c + \theta q - (m + \theta q)x] \quad (9-16)$$

计算可得 3 个局部稳定的奇点，分别是 $(1, 0)$、$(0, 1)$、$(0, 0)$，如表 9-2 所示。相对应的演化稳定策略分别为：村民委员会选择与乡镇政府合作，乡镇政府选择不监督策略；村民委员会选择不与乡镇政府合作，乡镇政府选择监督策略；村民委员会选择不与乡镇政府合作，乡镇政府选择不监督策略。

二 村庄范围内村民自发组织与村民委员会合作行为博弈分析

在新农村建设过程中，理论上，村民可以通过组建长期而固定的监督机构、临时性或项目性的监督机构对村民委员会在新农村建设过程中的合作行为进行全方位的监督，以保证村民委员会在整个新农村建设过程中不会出现有损村民利益行为的产生，从而保证新农村的有效建设，并在村庄内部形成一种自发合作的社会秩序，保证村庄高效运转的农村社区范围内基础设施的建设。在社区范围内，对村民委员会进行监督决定于监督机构能否顺利达成以及监督制度等多个环境和要件。本书以西南少数民族地区农村村民或村民家庭能够就村庄范围内具体的或抽象的公共事务而形成村庄利益共同体并以组织的形式在村庄内存在，也就是说在村庄范围内能够形成

表9-2　　　5个奇点微分方程的局部稳定性的分析结果

均衡点	条件	行列式符号	迹的符号	结果
(1, 0)	$\pi_2 - \theta p < \pi_1$	+	−	ESS
(0, 1)	$m - c + \theta q > 0$ $\pi_2 - \theta p > \pi_1 + m$	+	−	ESS
(0, 0)	$\pi_2 - \theta p > \pi_1$ $m - c + \theta q < 0$	+	−	ESS
(1, 1)	$\pi_2 - \theta p > \pi_1$	+	+	不稳定点
$\left(\dfrac{m-c+\theta q}{m+\theta q}, \dfrac{\pi_2 - \pi_1 - \theta p}{m}\right)$	$\pi_2 - \theta p < \pi_1 + m$ $m - c + \theta q > 0$	+	0	鞍点

一种组织对村民委员会在新农村建设过程中的行为进行监督和控制，且村民自发组织的监督机构与村民委员会在完全信息条件下进行策略互动和行为选择，村民委员会的策略空间仍然为（合作，不合作），村民自发组织的监督机构的策略空间为（监督，不监督）。

表 9-3　　　　　　　　村庄内博弈双方的支付矩阵

		村民自发组织监督机构	
		监督（1-q）	不监督（q）
村民委员会	不合作（p）	$W_2 - \alpha(W_1+W_2), R-U_2+\alpha F$	$W_2 - \beta(W_1+W_2), R-\beta U_1$
	合作（1-p）	$W, R-U_3$	W, R

现假设村民委员会不合作的收益为 W，不合作被监督发现而产生的额外成本为 W_1，而没有被监督发现获得的效用为 W_2；村民自发组织监督机构的正常收益为 R；其失职而受到的惩罚成本为 U_1，在村民委员会采取合作策略时的正常监督成本为 U_2；在村民委员会采取不合作策略时的监督成本为 U_3；村民自发组织监督机构准确有效监督村民委员会后得到的报酬为 F，村民委员会不合作的概率为 p，合作的概率为 $1-p$；村民自发组织不监督的概率为 q，监督的概率为 $1-q$；村民自发组织成功地监督村民委员会不合作行为的概率为 α，村民委员会不合作被他人检举的概率为 β，博弈双方的支付矩阵如表 9-3 所示。

该模型是一个严格意义上的非合作博弈模型，只存在混合策略纳什均衡，混合策略的条件是：

$$\begin{cases} W > W_2 - \alpha(W_1+W_2) \\ W < W_2 - \beta(W_1+W_2) \\ R - U_2 + \alpha F > R - \beta U_1 \end{cases} \quad (9-17)$$

解不等式 (9-17) 得：

$$\begin{cases} \alpha > \dfrac{W_2 - W}{W_1 + W_2} \\ \beta < \dfrac{W_2 - W}{W_1 + W_2} \\ \alpha \dfrac{F}{U_2} + \beta \dfrac{U_1}{U_2} > 1 \end{cases} \quad (9-18)$$

当村民自发组织监督机构进行监督和不监督的期望效用相等时，得到的就是村民委员会不合作的概率，即：

$$p(R - \beta U_1) + (1-p)R = p(R - U_2 + \alpha F) + (1-p)(R - U_3)$$
$$(9-19)$$

解式（9-19）得：

$$p^* = \frac{U_3}{U_3 - U_2 + \alpha F + \beta U_1} \quad (9-20)$$

当村民委员会不合作和合作的期望效用相等时，得到的就是村民自发组织监督机构的最优监督概率，即：

$$q[W_2 - \beta(W_1 + W_2)] + (1-q)[W_2 - \alpha(W_1 + W_2)] = qW + (1-q)W \quad (9-21)$$

因此，$q^* = \dfrac{W - W_2 + \alpha(W_1 + W_2)}{(\alpha - \beta)(W_1 + W_2)}$

所以，村民自发组织监督机构与村民委员会的纳什均衡解为：

$$S^* = (S_3^*, S_4^*) = \{(p^*, 1-p^*), (q^*, 1-q^*)\} \quad (9-22)$$

从图9-2可知：村民委员会的混合策略是如果村民委员会不合作概率大于p^*，那么村民自发组织监督机构的效用将小于0，于是村民自发组织监督机构的策略选择是监督。如果村民委员会的违章概率小于p^*，此时村民自发组织监督机构的效用大于0，于是其策略选择是不监督。究其原因，是村民自发组织监督机构对村民委员会不合作行为的惩罚力度加大了，即由M点移到了N点，所以村民委员会不合作的概率减小了。随着村民委员会不合作的概率的减小，村民自发组织监督机构采取的策略就趋于"不监督"，在"不监督"或监督概率减小的情况下，村民委员会不合作的概率又将增加到p^*。

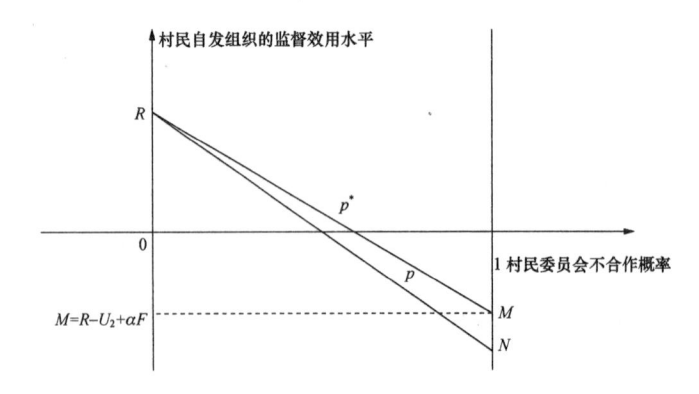

图9-2 村民委员会的混合策略

同样地，从图 9-3 可知：村民自发监督机构的混合策略是当村民自发组织的监督机构采取"监督"的概率为 q^* 时，监管机构取得最大效用。因为当 $q<q^*$ 时，村民委员会不合作的效用小于 0，于是选择合作策略；当 $q>q^*$ 时，村民委员会不合作效用大于 0，因此，村民委员会选择不合作策略；但是随着时间的推移，村民自发监督机构必然使不监督的概率回到 q^*，因为一直保持较高的不监管概率，那么监督机构将会受到村民的惩罚，所以必然使不监督的概率再次回到 q^*。

由此可见，在西南少数民族地区新农村建设过程中，由村民自发组织一个监督机构对村民委员会的合作行为进行监督同样存在一个动态的博弈。在没有外界压力作用下，作为由理性村民组成的监督机构是否会对村民委员会的合作行为进行监督具有高度的不确定性。然而，在一个开放的环境条件下，乡镇政府对村民委员会的监督不仅更容易促成村民委员会的合作行为，且乡镇政府的行为还会反映在村民自发组织的监督行为决策收益和成本函数中，从而影响村民的合作行为。因此，在西南少数民族地区的新农村建设过程中，村民委员会发挥着重要的作用，事关整个农村社会的经济、社会发展与和谐稳定，乡镇政府和村民自发组织的监督作用决定了村民委员会的合作行为，而是否监督以及监督的强度是有条件的。

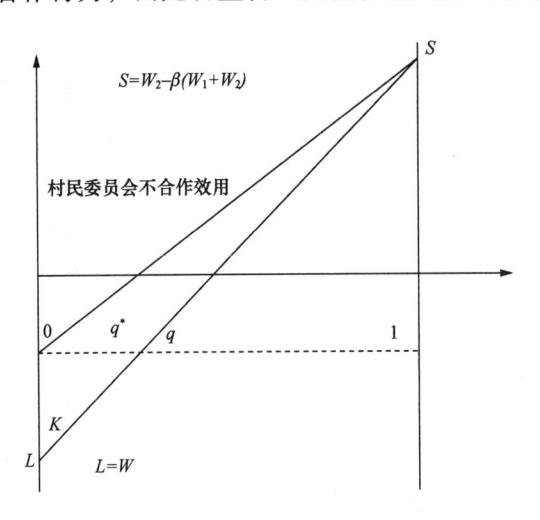

图 9-3　村民自发监督机构的混合策略

第四节　云南西双版纳州的社会主义新农村建设实践案例

1. 基本情况。西双版纳东北、西北与普洱市接壤，东南与老挝相连，西南与缅甸接壤，具有边缘性，是边境少数民族集聚地。西双版纳少数民族众多，傣族占主要部分，全州辖一市二县三区，31个乡镇和1个街道办事处，22个社区、220个村委会，2141个自然村。西双版纳土地面积有19124.5平方公里，2012年年末，全州常住总人口114.9万人，户籍总人口96.15万人，其中少数民族人口占全州户籍总人口的77.4%；傣族占户籍总人口的33.7%，是典型的少数民族地区。

2. 基层治理存在的问题。课题组在对西双版纳州部分傣族寨子新农村建设情况进行调研时发现：一是在社会主义新农村建设初期，由于基层政府对村委会的监督不到位，一方面国家、省、市政府的相关政策和优惠措施难以落实到位；另一方面国家的相关政策在执行过程中走样，村两委的不作为和乱作为严重地挫伤了村民参与社会主义新农村建设的积极性，从而影响其主体作用的发挥。二是在缺乏内外监督的情况下，村委会出于自利，不顾村民利益，借社会主义新农村建设之名，"搭车"收费，无形中加重了村民的负担，引起了村民的不满，导致村民对社会主义新农村建设产生了抵触情绪。由于缺乏有效的监督，村民参与社会主义新农村建设的积极性受到了极大的伤害，普遍对社会主义新农村建设不抱希望，甚至产生抵触情绪，农民的主体作用难以发挥，根据对西双版纳景洪市曼勒村220名村民的调查，村民对村委会的满意度仅为30%。

3. 改进措施。西双版纳州委、州政府完善了社会主义新农村建设工作的领导体制和工作机制，加大了对农村基层组织在社会主义新农村建设过程的行为的监督和考核，规范村委会的工作行为，形成了一种外在强有力的监督新格局。

一是制定了"新农村建设标准化指标体系"、"新农村建设典型示范村评定办法"、"新农村建设实施'六大工程'考核办法"。二是乡镇政府积极开展新农村建设示范村的考核、检查评比、验收工作，年初各乡镇根据各县（市）相关指导文件明确示范村的建设任务，在实施过程中进行必要的检查督促，加大监督工作力度。三是各试点村大力推行村民自治管理机制，加强民主管理、民主监督。制定了村民议事规则，对涉及群众利益的一些重大事项的决策，采取村支两委初议后，由村民大会或村民代表大会讨论议决，实现了民主管理。四是坚持以民主方式选拔优秀乡村干部，健全以村务公开、财务审计为主要内容的民主监督制度，成立了村务监督小组，规范村务公开，建立健全了罢免卸任机制，让群众参与对村干部的业绩考核和评议。上级政府对村民委员会等基层组织强有力的考核，实则形成了一种新的、有力的监督机制，尤其是村民的监督参与，改变了农村社区的治理结构，优化了农村社区的治理环境，调动了广大农民群众参与村级事务、开展新农村建设的积极性、主动性，形成了农民参与社会主义新农村建设的良好环境，更加有利于其主体作用的发挥，取得了较好的效果。

第五节 本章小结

近年来，随着国家加大对新农村建设的财政资金投入，如何保证财政资金在农村社区内的有效配置而不出现被挪用、贪污现象的发生，其本身就需要在农村社区内部建立起一套行之有效的治理结构。然而立足于我国的基本国情，社会主义新农村建设的"二十字"目标的实现离不开农民主体作用的发挥。理论上农民主体作用既可以体现在私人领域，也发生在公共领域。农民主体作用在公共领域的表现就是农民在新农村建设所需要的农村社区范围内基础设施建设中的合作行为。本书将西南少数民族地区农民在新农村建设过程中的行为纳入一个垂直和水平治理体系，以村民委员会为问题研究的中心，系统地比较研究了在封闭和开放两种环境条件下，乡镇政府监督与不监督，村民委员会在新农村建设过程中的行为，在没有任何外在因素的影响下，村民委员会在新农村建设过程中的收益函数大于村民个体，因此，其更有动机和意愿参与新农村建设，也就是说，在西南少数民族地区现有的农村基层组织治理结构中，在村民委员会的组织带领下，由农民自发参与新农村建设存在组织上的可能性。显然，这种可能性要演变成为现实存在着一系列条件，与农村社区的治理结构有关。从纵向层面看，当乡镇政府对村民委员会进行强力监督时，村民委员会不合作的违规成本将会增加，降低其收益，从而影响其组织新农村建设的积极性。相反，当乡镇政府对村民委员会采取不监督策略时，村民委员会合作与不合作行为所产生的外在成本是相同的，然而合作的成本要大于不合作的成本，因此，在乡镇政府监督缺失的情况下，村民委员会可能会采取与村民不合作行为，从而影响村民的供给积极性。从横向层面看，村民对村民委员会采取监督同样存在诸多的问题，一是以什么样的组织方式对村民委员会进行监督，是以个体的形式还是以其集体的形式；二是监督发现问题后的惩罚策略选择和手段以及惩罚机制发挥作用的条件问题。显然，由于村民委员会与村民博弈的信息结构和优势策略的不同，村民在横向层面上很难真正形成村民对村民委员会的监督。与其事后难以对村民委员会的不合作行为产生强力的制约，还不如采取事前策略，即不合作。

第十章 结论与政策建议框架

第一节 研究结论

农民是社会主义新农村的建设者和受益者,社会主义新农村建设目标体系既包括农民的私人收益也包括社会收益,且两者是相辅相成的。农民主体作用体现在私人与公共活动两个不同性质领域中,其表现形式包括个人经济行为和集体合作行为,受个人特征、社区范围内农民之间、政府和社会组织行为的制约,是经济因素与非经济因素共同作用的结果。因此,农民主体作用是不会自动生成的,其本质是农民根据客观外部环境变化主动调整自己的私人经济活动,参与到政府、社会力量共同提供公共产品行为的统一体中。本书以中国农村经济、社会转型为特定的现实背景,立足于西南少数民族地区特定的环境,把农民主体作用纳入特定环境条件中,农民与农民、农民与政府、农民与不同社会组织之间交互作用的理论研究框架内,从建设者和受益者两个角度综合考察西南少数民族地区农民在新农村建设中的私人行为与集体合作行为产生的条件、行为方式和结果。本书主要基于主体要素和制度要素的二维视角,通过实地考察、比较分析、构建演化博弈模型等方法系统地研究了个体属性、群体属性、信任关系和治理结构与西南少数民族地区新农村建设合作行为的关系。通过本书的研究得出了如下几方面的结论。

(1) 社会主义新农村建设的公共属性。社会主义新农村建设是我国在新的历史条件下、在新的经济发展阶段的一项历史性战略决策。从微观层面看，某一具体村庄的社会主义新农村建设将会导致具体的村民生产、生活条件的改善和社会福利水平的提高，其受益主体是具体、明确的。从宏观层面看，社会主义新农村建设目标的实现将会导致城乡收入差距的缩小、社会稳定和粮食供给的增加，其结果将从微观的个体和社区范围外溢到宏观层面，有利于国家经济、社会的可持续发展，其受益主体是全体公民，具有一定的抽象性。由此可见，宏观意义上的社会主义新农村建设"二十字"目标具有公共属性，这种公共属性隐含在建设的内容中，是以社会主义新农村建设的基本结果为载体的，但有别于具体的公共产品，更多地体现在其结果的社会意义和现实意义上，是拓展性的公共产品，具有外溢性。如果将这种外溢性放在城乡之间的要素流动、城乡统筹发展和社会协调发展的大背景下去审视其社会意义和现实意义，那么社会主义新农村建设的目标的公共属性更为明显和更具层次性，具有不同的内涵。

（2）西南少数民族地区社会主义新农村建设的特殊性与现实困境。西南少数民族地区社会主义新农村建设存在农业基础设施落后、教育水平与人口素质低、公共产品供给和质量差等特殊性，面临自然灾害频发、农村贫困面大、内生发展能力缺乏、农业发展保障条件劣势明显、农民参与能力不足、传统社会资本流失、内生性资源动员能力不足、空心化和可行能力不够等现实困境，这客观上要求西南少数民族地区新农村建设的各项政策、措施必须建立在对西南少数民族地区农村的经济发展条件、农民主体和文化传统基础上，采取与其历史发展阶段相一致的建设策略，积极稳妥地推进西南少数民族地区的社会主义新农村建设。

（3）以经济因素和社会因素的二维分析对西南少数民族地区新农村建设合作行为具有更充分的解释力。新农村建设合作行为与家庭层面的劳动力资源、收入结构和对新农村建设相关的认知有关。在西南少数民族地区农村，社区居民职业的分化带来的经济收入与社会角色分化，导致了同一农村社区性公共产品成本与收益在主体层面的差异化，单一的"理性经济人"理论，难以解释在西南少数民族地区农村普遍存在的新农村建设的自发性合作行为；社会学的互惠理论和中国乡村社会关系理论难以解释西南少数民族地区新农村建设过程中的非合作行为，以经济因素和社会因素的二维分析能够推进西南少数民族地区新农村建设合作行为的认识和对合作行为本身的认识。

（4）借用新经济社会学的嵌入理论，将新农村建设的合作行为视为农村居民个体和群体在关系嵌入和结构嵌入的制度情境中的互动博弈行为，对西南少数民族地区新农村建设的合作行为具有更充分的解释能力。实证研究表明，个体属性和群体属性与西南少数民族地区新农村建设合作行为具有内在的逻辑关联性，合作行为与非合作行为的选择取决于个体与个体、个体与群体（包括基层政府）的利益博弈，具有稳定性和非稳定性并存的特征。

（5）西南少数民族地区新农村建设合作行为决定于主体要素和制度要素的契合的观点具有客观现实性。本书以西南少数民族地区现行的农村社区治理为事实基础，将新农村建设合作行为纳入村庄信任和乡镇政府与村民委员会、村民自发组织与村民委员会的博弈中去分析，研究结果表明，西南少数民族地区新农村建设的自发性合作行为来自村民社区的信任关系，村民与村民委员会之间的信任是影响新农村建设合作行为的关键变量。村民委员会在新农村建设过程中扮演着组织者和代理者的角色，与新农村建设合作行为关系密切。乡镇政府、村民对村民委员会监督形成了乡村社会的治理结构，两种治理结构对合作行为的作用方式和作用效果是不同的，纵横治理的合作行为均衡条件明显存在差异。在纵横结合的农村社区治理结构中，不合理的新农村建设制度安排会对新农村建设产生负面影响。

第二节 研究结论的启示性意义

1. 立足于个体属性与西南少数民族地区新农村建设农民合作行为关系的研究结论的启示性意义在于：一是围绕社会主义新农村不同建设项目形成不同范围和层级的农民参与制度和机制，农民以主体身份，从自身利益最大化出发，在不同范围、不同层次的决策中以不同的程度和方式参与。二是为建立新的农户需求表达机制提供一种思路，根据分析所得的与农民参与新农村建设合作行为相关的农户个体特征、家庭特征、认知状况，选择合适的因素估计农户对新农村建设的需求。三是建立有效的农民需求表达机制，农户的异质性决定了其对新农村建设的需求是不同的，因此，社会主义新农村建设的关键就是要让农民的需求得到表达。首先是让农民了解社会主义新农村建设中各项公共产品供给需要的条件，为农民需求表达的有效性奠定基础；其次是建立新农村建设对农民需求敏感反应机制，让农民需求表达成为新农村建设中的关键环节。

2. 立足于社会分层模式下西南少数民族地区新农村建设农民合作行为的研究结论的启示性意义在于：一是随着西南少数民族地区农村社会内部分层的日益明显，传统社会村庄内部的自发性合作行为将会逐渐消解，在新的形势下，农村社会内部自发性合作行为产生的条件是工业化、城市化进程中应研究的问题。二是随着西南少数民族地区农村社会的进一步开放和资源配置范围的扩大，原有的建立在稳定预期基础上的互惠合作行为将面临资源配置空间的不确定性的挑战，如何在开放进程中，重构农村社会的社会资本也是理论工作者应关注的问题。

3. 立足于信任关系与西南少数民族地区新农村建设合作行为关系的研究结论的启示性意义在于：一是虽然理论上新农村建设是由社区内居民共同承担，但考虑到农村实行家庭联产承包责任制后，由于不同农户家庭的生产经营内容的变化而导致对相同的农村社区范围内基础设施的需求差异，增加了村民之间达成一致性结果的交易成本，显然，立足于农村社会内部来筹集农村社区范围内基础设施会因供给与需求之间的技术问题而引致其效率与公平性难以兼顾，因此，在西南少数民族地区基层组织权威与信任缺失的情况下，以农民为主体，采取民主决策方式来为广大农村社会进步、经济发展开展新农村建设存在着操作上的困难。从目前来看，国家应加大对西南少数民族地区新农村建设所需资金的支持力度，在完善制度、加强监督的基础上，通过特定项目的转移支付来解决其资金问题。二是随农村要素配置空间范围的扩大，同一基础设施对不同要素禀赋结构的家庭具有不同的收益，这种收益的大小是以家庭财产产权的明晰为基础的，因此，进一步深化西南少数民族地区农村产权制度改革，明确农户家庭的财产权利也是加强农村社区性合作的基础。三是在西南少数民族地区新农村建设中，县乡政府应加大对村民委员会的监督力度，避免村民委员会在农村社区范围内基础设施的筹资、生产、供给过程中损害农民利益现象发生，重塑村民委员会在村民心目中的地位，使村民委员会成为一个好的声誉载体，从而建构起农村社区的信任。

4. 立足于治理结构与西南少数民族地区新农村建设合作行为关系的研究结论的启示性意义在于：一是应充分发挥村民委员会、村委会等农村基层组织在西南少数民族地区新农村建设过程中的组织动员作用；二是西南少数民族地区乡镇政府应在加大对新农村建设过程的监督力度的同时，对村民所反映的各种问题进行及时调查和处理，并对结果进行反馈，对发现的村民委员会的不合作行为予以严惩，应采用内外相结合的治理结构，以保证村民在新农村建设中的积极性和主动性；三是应充分利用村务公开的信息平台，以各种信息公开的方式来形成村庄内部的监督机制，促进西南少数民族地区村庄范围内的合作行为的自动生成。

第三节　宏观政策建议

政策建议一：加大社会主义新农村建设公共政策研究，提高公共政策的有效性。社会主义新农村建设是党和国家在新的历史时期的一项重要任务，采取什么样的建设方式离不开对社会主义新农村建设的目标定位和对目标的经济社会属性的认识。站在城乡结构调整、城乡统筹、社会和谐发展和科学发展的高度，社会主义新农村建设目标的实现所带来的经济、社会、政治影响不仅仅局限于农村社会内部，而且直接或间接地影响整个国家经济和社会的发展，具有外部性。在社会主义新农村建设的目标体系中，不同子目标的外部性的内涵、表现形式以及外部性的作用机理是不同的，存在着差异，这客观上要求国家在制定出台有关社会主义新农村建设政策时，应将相关政策的调控对象和政策绩效纳入其公共政策的决策体系中。在确定社会主义新农村建设内容时应根据其外部性的范围差异采取不同的主体组合方式，形成与社会主义新农村建设目标一致的建设模式以解决社会主义新农村建设主体缺位和激励不足的问题。一是考虑到农村社会的生产发展、生活宽裕事关国家的粮食安全和农民收入增加，政府应该出台相应的促进农业生产发展的相关政策，并在促进农业生产发展中发挥主导作用，并对分配制度进行重新设计，以解决因农业生产内在弱质性和农民个体人力资本积累不够而形成的低收入锁定效应。二是管理民主事关国家基层民主建设，国家应将农村社会管理民主建设作为法治建设和民主建设的一部分，对管理民主的实现路径进行可操作性的指导，由基层政府和广大农民在国家框架性政策体系中进行大胆的实践探索。三是乡风文明和村容整洁作为受益主体明确的目标，地方政府和农民应在建设中充分发挥作用，由基层政府与农民共同制定乡风文明和村容整洁的相关规程和条例，共同来推进相关工作。

政策建议二：加大国家财政对西南少数民族地区农业基础设施

的投资力度。西南少数民族地区的新农村建设对构建和谐社会，促进我国经济社会的可持续发展意义重大，它事关西南地区36个少数民族的根本利益。西南少数民族地区新农村建设的路径选择必须建立在西南少数民族地区生产传统、文化传统的基础上，采取与其历史发展阶段相一致的原则，积极稳妥地推进西南少数民族地区的新农村建设。农业基础设施的建设水平决定着新农村建设的目标。受历史性欠账和投入强度双重因素的影响，西南少数民族地区农业基础设施落后的彻底改变对外源型的财政投入具有较强的依赖性，然而受地方政府经济发展水平和财政收入较低的影响，以地方政府作为西南少数民族地区新农村建设中农业基础设施的投入主体是不现实的，它既不能有效地解决西南少数民族地区农业基础设施的欠账问题，还会导致该地区与其他地区的水平差距进一步扩大，因此，国家应从两个方面对西南少数民族地区农业基础投资给予重视。一是加大对西南少数民族地区农业基础设施的投入力度。近期可考虑在中央财政支出的专项资金中单独列支西南少数民族地区农村基础设施建设的专项资金，专门用于西南少数民族地区的农业基础设施建设。二是整合国家各部门的支农资金，现有的有关西南少数民族地区的各种专项资金是以部门为线，条块分割，较为分散，资金量小，难以形成合力，资金的杠杆作用和效率都较差，因此，应整合国家各部门的农业基础设施建设支出资金，尤其是对涉及西南少数民族地区的多种资金进行整合，集中建设一些重点工程，通过重点工程的建设带动地方政府的配套投入来形成区域农业生产的保障能力，共同促进西南少数民族地区的农业基础设施建设。

政策建议三：加大对西南少数民族地区的人力资本投资，提高其可行能力。增加农民收入是西南少数民族地区新农村建设的关键。在市场经济条件下，农民的收入既与农业生产条件有关，也与其农业技能和商业生产技能有关。立足于西南少数民族地区，农民的收入增加涉及农业生产比较效益的提高，涉及如何将农村剩余劳动力转移出去等问题。受农村义务教育发展水平的影响，西南少数民族地区的教育水平明显落后于其他地区，该地区的农民受教育程度偏低。我国的劳动力市场是由体制内和体制外两个特征明显的市场组成。体制内的劳动力市场在一定程度上是封闭的，其进入的门槛较高，而体制外的劳动力市场则是一个高度竞争的市场，受教育程度是劳动力在竞争性市场上能否获取就业机会，能否获取较高薪酬的重要信号，发挥着重要的信号筛选机制。由此可见，受教育程度和人力资本在农村剩余劳动力由农业部门向非农部门转移中的重要性。因此，从长期看，西南少数民族地区农村剩余劳动力的转移必须加大国家对少数民族地区义务教育的投入力度，通过财政资金的投入，改变西南少数民族地区义务教育资源条件、硬件设施和师资水平，充分地满足少数民族地区适龄儿童对义务教育的需求。短期内，国家应加大对西南少数民族地区农村剩余劳动力的劳动技能培训，将现有农村剩余劳动力再就业培训项目纳入政府的规范化管理体系之中，对培训项目的立项、培训课程、师资、培训过程以及培训结果实行严格的管理，杜绝培训项目的形式主义，让农民真正能够学到一技之长，通过技能结构的改善来提高其可行能力。与此同时，国家应加大对西南少数民族地区中等职业教育体系的建设，在坚持国家为主要渠道的同时，充分地吸引社会资源参与到西南少数民族地区的中等职业技术教育体系建设中，以弥补农村剩余劳动力转移过程中的技能短板，为少数民族地区农村剩余劳动力的转移创造条件。

政策建议四：加大对西南少数民族地区传统文化和生态环境的保护，稳步提高农村社区的社会资本。虽然西南少数民族地区经济发展的总体水平落后于全国平均水平，但部分少数民族地区传统的社会合作模式和机制仍然对农村社区的稳定、和谐发挥着极大的作用。这种建立在互惠机制上的传统习惯缓解了市场经济深化和人们日常行为活动过度货币化所带来的经济压力，是西南少数民族地区社会主义新农村建设中的重要社会资本。然而这种社会资本却遭到了市场经济的冲击，如何维系不同少数民族内部不同形式的社会资本是新农村建设必须引起重视的问题，这客观上要求政府和广大的社会工作者加大对不同民族已存在的社会资本进行研究，同时政府应该加以引导，国家应在坚持社会主义新农村建设的"二十字"目标的前提下，努力探索其自身的规律，使少数民族地区在经济发展的同时，保护好自己独特的民族文化传统，形成丰富多元的农村图景。与此同时，西南少数民族在长期与自然和谐相处过程中所积累起来的习俗维系了社区范围内生态文明的沿袭和传承，是我国生态文明的重要组成部分。事实上，西南少数民族聚集地处于我国重要水系的上游地区，少数民族传统的生态习俗对自然环境的保护起着重要的作用。西南少数民族地区在社会主义新农村建设过程中必须处理好经济发展与传统文化保存及经济发展与生态环境保护之间的关系。显然，将西南少数民族地区的生态环境保护放在全国的角度去分析，我们就不难看出其公共产品的性质，因此国家应出台相应的生态补偿政策，筹集部分资金专门用于西南少数民族地区的生态环境保护。

政策建议五：加强农村基层组织建设和行为规范，重塑农村社区的信任度。村民委员会或者说农村基层组织作为国家有关各种惠农政策、社会主义新农村建设的载体和组织者，他们的行为表现不仅影响村民对国家政策的认知，而且影响村民对其的信任，信任在整个社会主义新农村建设中是村民是否参与和作用发挥的关键性变量。四川凉山州会理县铜矿村、西昌市大德村、贵州册享织金麻窝村等典型村庄的新农村建设实践充分表明了农村基层组织的带头作用以及在社会主义新农村建设过程中衍生的信任的作用。本书研究结论的启示性意义在于：在国家加大对西南少数民族地区的农村的各种财政投入的同时，应加强农村基层社会的治理，尤其应加强农村基层组织的选拔、决策和管理制度的建设，发挥其带头和纽带作用。第一，应加强农村两委的组织建设，确定选人标准，把有德有才、热心农村经济社会发展、有事业心的人选送到农村两委会中去。第二，应在巩固村务公开的程序、经验的基础上，完善农村社区的公共事务的决策程序，充分吸收村民参与，以发挥其积极性。第三，应加大上级政府对村民委员会惠农资金、惠农政策使用上的监督，惩治农村的各种腐败，以还信于民，重塑农村基层组织在农民心中的形象，以改善农村社会资本结构，促进社会主义新农村建设的顺利发展。

政策建议六：农村基层组织虽然处于整个国家的治理末端，但在农村经济、社会发展中的作用和地位却不可忽视。一方面受点多、面广和利益关系的影响，农村基层组织的纵向监督存在技术难题；另一方面受农村社会结构和关系结构的影响，内生于农村社会内部的横向监督也存在着一定的条件。上述两个方面的特殊性共同构成了西南少数民族地区的农村社会治理结构的特征。农村社会的治理结构将会直接影响到农民在社会主义新农村建设中的主体作用，因此，一是从政府层面应加大对农村基层组织在社会主义新农村建设中的决策行为的规范；二是加大对国家财政资金、西南少数民族地区社会主义新农村建设项目的资金使用和项目效果的监督评价和责任追究制度；三是加大社会监督，在坚持把村务公开工作落到实处的基础上，发挥新闻媒体的监督作用，并在条件许可的前提下，引入社会第三方监督，形成完善的农村基层社会监督体系。

第四节　存在的不足与有待进一步研究的问题

一　存在的不足

近年来，随着我国国力的增强和国家对农村财政投入力度的加大，西南少数民族地区农村经济、社会得到了快速的发展，以2010年前的相关调查数据去审视研究对象，可能会存在数据与事实的不符，这是本书研究存在的不足之一。社会主义新农村建设是一项复杂的系统工程，农民在农村经济社会发展过程中的主体作用是多个方面的，既存在私人领域的主体作用，也存在公共领域的作用，本书仅将农民的主体作用界定在公共产品供给过程中，存在着研究范畴过窄的问题，这是本书研究的不足之二。

二　有待进一步研究的问题

西南少数民族地区是我国经济欠发达地区，其加快发展对中国现代化建设和"中国梦"的实现具有重要的实践意义，加强对其发展进程中相关问题的研究是广大理论工作者义不容辞的责任。

第一，近年来，国家加大了对西南少数民族地区的支持力度，支持范围广，但由此而来的两个问题值得研究：一方面是外源型的资源输入对农民主体作用，即内生型资源的生产和发展的作用机理是什么？另一方面是外源型投入的绩效评估，即公共政策的绩效产生的条件是什么？

第二，在传统的西南少数民族地区的农村社区范围内存在着极具智慧和地域特点的合作形式，建立在互惠基础上的合作形式降低了人们的生存发展风险，但在迅速开放的环境条件下，这种具有降低交易成本、降低风险的农村社会资本正在被建立在经济交易上的合作形式取代，这种演化的动因是什么，其演化规律是什么有待田野调查和进行社会学的研究。

第三，西南少数民族地区的社会主义新农村建设"二十字"目标的实现基础是经济、社会的协调发展，相对于经济建设，社会建设更具复杂性，难度更大。在西南少数民族地区社会主义新农村建设过程中，其社会建设的特殊性是什么，社会建设的内容是什么，应该如何进行建设等一系列问题都有待研究。

第四，西南少数民族地区是我国连片欠发达地区，农村资源外流现象较为严重，农村经济、社会面临着"空心化"问题，在新型城镇化建设进程中，西南少数民族地区的农村"空心化"有何特点，"空心化"问题的存在对于农村在整个国家分工体系中的功能和作用有何影响等问题有待进一步研究。

参考文献

[1] Akthinson, A. B., *Public Economics in Action*, Clarend Press, 1995.

[2] Anandi Mani, Sharun Mukand, "Democracy, Visibility and Public Good Provision", *Journal of Development Economics*, No. 83, 2007.

[3] Andersson, U., Forsgren, M., and Holm, U., "Subsidiary Embeddedness and Competence Development in MNCs—A Multi-level analysis", *Organization Studies*, Vol. 22, No. 6, 2001.

[4] Andersson, U., Forsgren, M., and Holm, U., "The Strategic Impact of External Networks: Subsidiary Performance and Competence Development in the Multinational Corporation", *Strategic Management Journal*, Vol. 23, No. 11, 2002.

[5] Andreas Lange, "Providing Public Goods in Two Steps", *Economics Letters*, No. 91, 2006.

[6] Anna Gunnthorsdottir, Daniel Houser, Kevin McCabe, "Didposition. History and Contributions in Public Goods Experiments", *Journal of Economic Behavior & Organization*, Vol. 62, 2007.

[7] Athkinson & Stiglitz, *Lecture on Public Economics*, McGraw-Hill, 1980.

[8] Axelrod, Robert, *The Evolution of Cooperation*, New York: Basic Books, 1984.

[9] Banerjee, A., L. Iyer and R. Somanathan, "History, Social Divisions and Public Goods in Rural India", *Journal of the European Economic Assoeiation*, Vol. 3, No. 2-3, 2005.

[10] Bardhan P. K., "Irrigation and Cooperation: An Empirical Analy-

sis of 48 Irrgation Communities in South India", *Economic Development and Cultural Change*, Vol. 48, 2000.

[11] Bekoff, Marc, "Social Play Behaviour", *Journal of Consciousness Studies*, Vol. 8, No. 2, 2001.

[12] Ben Dankbaar, "Embeddedness, Context, Proximity and Control", *European Planning Studies*, Vol. 12, No. 5, 2004.

[13] Blau, P. & Dancan, O. D., *The American Occupational Structure*, New York: Wiley, 1967.

[14] Bowen Howard R., "The Interpretation of Voting in the Allocation of Resources", *The Quarterly Journal of Economics*, Vol. 58, No. 1, 1943.

[15] Bourdieu, P., "The Forms of Capital", in John G. Richardson (ed), *Handbook of Theory and Research for the Sociology of Education*, New York: Greenwood, 1986.

[16] Boadway & Macrchand, "The Use of Public Expenditures for Redistributive Purepose", *Oxford Economic Papers*, No. 47, 1995.

[17] Boadway and Wildasin, *Public Sector Economics*, Little, Brown and Company, 1984.

[18] Bowles, Samuel and Herbert Gintis, "Origins of Human Cooperation", in Peter Hammerstein Edited, *The Genetic and Cultural Origins of Cooperation*, Cambridge: MIT Press, 2003.

[19] Bowles, Samuel and Herbert Gintis, "The Evolution of Strong Reciprocity: Cooperation in Heterogeneous Populations", *Theoretical Population Biology*, Vol. 65, 2004.

[20] Brennan, G., "The Attribution of Public Goods Benefit", *Public Finance*, No. 3, 1981.

[21] Brubaker, Farl., "Free Ride, Free Revelation, or Golden Rule", *Journal of Law and Economics*, No. 18, 1975.

[22] Buchanan J. M., "*Demand and Supply of Public Goods*", Chicago: Rand McNally & Company, 1968.

[23] Campell, D. E. , "*Incentives: Motivation and the Economics of Information*", *Cambridge University Press*, 1995.

[24] Cardenas, Juan – Camilo, "Real Wealth and Experimental Cooperation: Experiments in the Field Lab", *Journal of Development Economics*, Vol. 70, 2003.

[25] Christopher P. Scheitle, Amy Adamczyk, "It Takes Two: The Interplay of Individual and Group Theology on Social Embeddedness", *Journal for the Scientific Study of Religion*, Vol. 48, No. 1, 2009.

[26] Clarke H. , "Multipart Pricing of Public Goods", *Public Choice*, 1971.

[27] Clarke H. , "The Effects Simulated Feedback and Motivation Have on Persistence at a Task", *Organizational Behavior and Human Performance*, No. 8, 1972.

[28] Coleman, J. S. , "Social Capital in the Creation of Human Capital", *American Journal of Sociology*, No. 94, 1998.

[29] Cowen, T. , "Public Goods and Market Failure", Transaction Publishers, 1992.

[30] Coase, "The Lighthouse in Economics", *Journal of Law and Economics*, No. 17, 1974.

[31] Connolly – Munro, *Economics of the Public Sector*, Prentice Hall Europe, 1999.

[32] Cornes – Sandler, *The Theory of Externalities, Public Goods and Club Goods*, Cambridge University Press, 1986.

[33] Crozier, Michel & Friedberg, Frhard, *Actors and Systems: The Politics of Collective Action*, The University of Chicago Press, 1977.

[34] Cullics and Jones, *Microeconomy and the Public Economy*, Basil Blackwell, 1987.

[35] Dahlman, *The Problem of Externality*, Cowen, 1992.

[36] Dayton – Johnson, J. , "Determinants of Collective Action on the

Local Commons: A Model with Evidence from Mexico", *Journal of Development Economics*, Vol. 62, 2000.

[37] Dawes, R. M., "The Commons Dilemma Game: An N – Person Mixed – Motive. Motive Game with a Dominating Strategy for Defection", *ORI Research Bulletin*, No. 13, 1973.

[38] Dawes R. M., "Formal Models of Dilemmas in Social Decision Making", In: M. F. Kaplan and S. Schwartz, *Human Judgment and Decision Processes: Formal and Mathematical Approaches*, New York: Academic Press, 1975.

[39] Demstz, *The Private Production of Public Goods*, Cowen, 1992.

[40] Dominique J. – F. de Quervain, Urs Fischbacher, and Ernst Fehr, et. al., "The Neural Basis of Altruistic Punishment", *Science*, Vol. 305, 2004.

[41] Dreze J, SEN A., *Hunger And Public Action*, Oxford: Clarendon Press, 1989.

[42] Edward Buckley, Rachel Croson, "Income and Wealth Heterogeneity in the Voluntary Provision of Linear Public Goods", *Journal of Public Economics*, No. 90, 2006.

[43] Erikson and Goldthorpe, "The Constant Flux, A Study of Class Mobility in Industrial Societies", Oxford: Clearndon Press, 1992.

[44] Essex, Stephen et al (eds)., *Rural Change and Sustainability Wallingford*, UK: Cabipulishing, 2005.

[45] Etzioni, A., "Normative – Active Factors: Toward a New Decision – making Model", *Journal of Economic Psychology*, No. 9, 1988.

[46] Fama, Jensen, *The Ownership of Enterprise*, Cambridge, MA: The Belknap Press, 1983.

[47] Featherman, D., Jones, F. & Hauser, R., "Assumptions of Social Mobilty Reseaech in the U. S. : The Case of Occupational Status", *Social Science Reasearch*, Vol. 56, No. 5, 1975.

[48] Firouz Gahvari, "On the Marginal Costs of Public Funds and the Optimal Provision of Public Goods", *Journal of Public Economics*, No. 90, 2006.

[49] Fukuyam A. F., *Trust: The Social Virtues and the Creation of Prosperity*, New York: Free Press, 1995.

[50] Gibbard, A., "Manipulation of Voting Schemes: A General Result", *Econometrica*, Vol. 41, No. 4, 1973.

[51] Goldin, Kermeth D., "Equal Access VS. Selective Access: A Critique of Public Goods Theory", *Public Choice*, No. 29, 1977.

[52] *Governing the Commons: The Evolution of Institutions for Collection Actin*, New York: Cambridge University Press, 1990.

[53] Granovetter, M, and Swedberg, R., *The Sociology of Economic Life*, Boulder: Westview, 1992.

[54] Groves T., "Incentives in Teams", *Econometrica*, No. 41, 1973.

[55] Groves T, Ledyard J., "Optimal Allocation of Public Goods: a Solution to the 'Free Rider Problem'", *Econometrica*, No. 45, 1977.

[56] Guiso, luigi, Sapienza, Paola and Zingalea, luigi, "Dose Culture Affect Economic Outcomes?", *Journal of Economic Perspectives*, Vol. 20, No. 2, 2006.

[57] Hagedoorn, J., "Understanding the Cross–level Embeddedness of Interfirm Partnership Formation", *Academy of Management Review*, Vol. 31, No. 3, 2006.

[58] Hardin, G., "The Tragedy of the Commons", *Journal of Natural Resources Policy Research*, Vol. 162, No. 13, 1968.

[59] Halinen, A, and Tornroos, J., "The Role of Embeddedness in the Evolution of Business Networks", *Scandinavian Journal Management*, Vol. 14, No. 3, 1998.

[60] Hess, M., "'Spatial' relationships? Towards a Conceptualization of Embeddedness", *Progress in Human Geography*, Vol. 28, No. 2, 2004.

[61] Heiner, R., "The Origins of Predictable Behavior", *American Economic Review*, No. 73, 1983.

[62] Hinde Robert A. and Jo Groebel, *Cooperation and Prosocial Behavior*, New York: Cambridge University Press, 1991.

[63] Hite, J. M., and Hesterly, W. S., "The Evolution of Firm Networks: From Emergence to Early Growth of the Firm", *Strategic Management Journal*, Vol. 22, No. 3, 2001.

[64] Hout Michael, Clem Brooks & Jeff Manza, "The Persistence of Classes in Post-Industrial Societies", *International Sociology*, No. 8, 1993.

[65] Inman, Markets, Governments, and the "New" Political Economy, Handbook of Pliblic Economics, eds 1988.

[66] Bach and Feldstein Handbook of Public Economics, 1987.

[67] Issac, R. M, K. McCue, and C. Plott, "Public Goods Provision in an Experimental Environment", *Journal of Public Economics*, No. 5, 1985.

[68] James M. Buehanan, "An Economic Theory of Clubs", *Economica New Series*, Vol. 32, No. 125, 1965.

[69] Jean-Jacques Laffont & David Martimort, "The Design of Transitional Public Goods Mechanisms for Developing Countries", *Journal of Public Economics in Press*, 2004, Available online: June.

[70] Jeffrey O. Sundberg, "Private Provision of a Public Good: Land Trust Membership", *Land Economics*, Vol. 82, No. 3, 2006.

[71] Jessop, B., "Regulationist and Autopoieticist Reflections on Polanyi's Account of Market Economies and the Market Society", *New Political Economy*, No. 6, 2001.

[72] J. M. Buchanan, "An Economic Theory of Clubs", *Economica*, Vol. 32, No. 125, 1965.

[73] Johannisson, B., and Pasillas, M., "The Institutional Embeddedness of Local Inter-firm Networks: A Leverage for Business

Creation", *En‑trepreneurship & Regional Development*, Vol. 14, No. 4, 2002.

[74] Karoly Takacs, "Structural Embeddedness and Intergroup Conflict", *Journal of Conflict Resolution*, No. 45, 2001.

[75] Kiesling, *Taxation and Public Goods*, The University of Michigan Press, 1992.

[76] Klaas Staal, "Incentives for Separation and Incentives for Public Good Provision", *Public Choice*, No. 145, 2010.

[77] Kreps, D. P. Milgrom, Roberts J. and Wilson R., "Reputation and Imperfect Information", *Journal of Economic Theory*, No. 27.

[78] Laudo M. Ogura, "A Note on Tax Competition, Attachment to Home, and Underprovision of Public Goods", *Journal of Urban Economics*, No. 59, 2006.

[79] Lin, Justin Yifu, "Rural Reforms and Agricultural Growth in China", *American Economic Review*, Vol. 82, 1992.

[80] Lindahl, E., *Classics in the Theory of Public Finance*, London: Macmillan, 1919.

[81] Lunmann, *Trust and Power*, Chichester: John Wiley & Sons ltd, 1979.

[82] Mario Davide Parrilli, "Collective Efficiency, Policy Inducement and Social Embeddedness: Drivers for the Development of Industrial Districts", *Entrepreneurship & Regional Development*, Vol. 21, No. 1, 2009.

[83] Marwell, G. and R. Ames, "Experiments on the Provision of Public Goods I: Resources, Interest, Group Size, and the Free‑rider Problem", *American Journal of Sociology*, No. 3, 1979.

[84] Marwell, G. and Ames, R., "Economists Free Ride, Does Anyone Else?", *Journal of Public Economics*, No. 15, 1981.

[85] Michael McBride, Discrete Public Goods under Threshold Uncertainty,

Journal of Public Economics, No. 90, 2006, pp. 1181 – 1199.

[86] Miguel, Edward and Mary Kay Gugerty, "Ethnic Diversity, Social Sanctions, and Public Goods in Kenya", *Journal of Public Economics*, Vol. 89, 2005.

[87] Mueller, *Public Choice* II, Cambridge University Press, 1989.

[88] Mueller, *Perspectives on Public Choice: a Handbook*, Cambridge University Press, 1997.

[89] Musgrave, R. A., *The Theory of Public Finance*, McGraw – Hill, 1959.

[90] Nancy H. Chau, Marieke Huysentruyt, "Nonprofits and Public Good Provision: A Contest Based on Compromises", *European Economic Review*, No. 50, 2006.

[91] Nahapiet J, Ghoshal S., "Social Capital, Intellectual Capita, Land the Organizational Advantage", *Academy of Management Review*, No. 23, 1998.

[92] Nicholas E. Flores, Aaron Strong, "Cost Credibility and the Stated Preference Analysis of Public Goods", *Resource and Energy Economics*, Sep 2007, Vol. 29, Lssue 3, pp. 195 – 205.

[93] Okland, *The Theory of Public Goods*, Auerbach and Feldstein, 1987.

[94] Ostrom, E., Walker, J. M. & Gardner, R., "Covenants with and without a Sword: Self – governance is Possible", *American Political Science Review*, Vol. 86, No. 2, 1992.

[95] Paul J., "Healy, Learning Dynamics for Mechanism Design: An Experimental Comparison of Public Goods Mechanisms", *Journal of Economic Theory*, No. 129, 2006.

[96] Peter Diamond, "Optional Tax Treatment of Private Contributions for Public Goods with and without Warm Glow Preference", *Journal of Public Economics*, No. 90, 2006.

[97] Polanyi, K., *The Great Transformation*, Boston: Beacon Press,

1957/1944.

[98] Portes A, "Social Capital Its Origins and Applications in Modern Sociology", *Annual Review of Sociology*, No. 24, 1998.

[99] Puterman, Louis, *Continuity and Change in China's Rural Development*, New York: Oxford University Press, 1993.

[100] Putnam, Robert, *Making Democracy Work: Civic Traditions in Modern Italy*, Princeton, N. J.: Princeton University Press, 1993a.

[101] Putnam, Robert, "The Prosperous Community – Social Capital and Public Life", *American Prospect*, No. 13, 1993b.

[102] Richard Cornes and Todd Sandler, "The Simple Analytics of Pure Public Good Provision", *Economica, New Series*, Vol. 52, No. 205, 1985.

[103] R. L. Trivers, "The Evolution of Reciprocal Altruism", *The Quarterly Review of Biology*, No. 46, 1971.

[104] Ronan Le Velly, " 'Embeddedness', a Sociological Theory of Market Transactions", *Sociologie du Travail*, No. 44, 2004.

[105] Ronald Burt, *Structural Holes – The Social Structural of Competition*, Harvard University Press, 1992.

[106] Routledge, B. R & Von Amsberg, Joschim, "Social Capital and Growth", *Journal of Monetary Economics*, Vol. 50, 2003.

[107] Rowley, T. J., Behrens, D. & Krackhardt, D., "Redundant Governance Structures: An Analysis of Structural and Relational Embeddedness in the Steel and Semiconductor Industries", *Strategic Management Journal*, Vol. 21, 2000.

[108] Samuelson, "The Pure Theory of Public Expenditure", *Review of Economics and Statistics*, No. 36, 1954.

[109] Satterthwaite M., "Strategy – proofness and Arrow's Conditions: Existence and Correspondence Theorems for Voting Procedures and Social Welfare Functions", *Journal of Economic Theory*,

No. 10, 1975.

[110] Sefton, Martin, Robert Shupp and James Walker, The Effect of Rewards and Sanctions in the Provision of Public Goods, CAEPR Working Paper 2006, No. 2006 - 005 Available at Ssrn: http://ssrn.com/abstract = 932683.

[111] Smith, Blolton, Wagner, "A Model of Customer Satisfaction with Service Encounters Involving Failure and Recovery", *Journal of Marketing Research*, Vol. 36, No. 3, 1999.

[112] Springer, "Majority Rule and the Public Provision of Private Good Author: Miguel Gouveia", *Public Choice*, Vol. 93, No. 3/4, 1997.

[113] Stephen J., Turnovaky, Mihaela Pintea, "Public and Private Production in a Two - sector Economy", *Journal of Macroeconomics*, No. 28, 2006.

[114] Stevens, *The Economics of Collective Choice*, Westview Press, 1993.

[115] Stiglitz, *Economic of the Public Sector Economics*, Norton, 1986.

[116] Stiglitz, *The Economic Role of the State*, edited by Arnold Heertje, Oxford Press, 1989.

[117] Sugden, R., "Reciprocity: The Supply of Public Goods through Voluntary Contributions", *Economic Journal*, No. 94, 1984.

[118] Suman Ghosh, Alexander Karaivanov, "Can a Raise in Your Wage Make You Worse Off? A Public Goods Perspective", *Journal of Development Economics*, 2006.

[119] Thomas W. H. Ng, Daniel C. Feldman, "Organizational Embeddedness and Occupational Embeddedness Across Career Stages", *Journal of Vocational Behavior*, No. 70, 2007.

[120] Thomas W. H. Ng and Daniel C. Feldman, "The Impact of Job Embeddedness on Innovation - Related Behaviors", *Human Resource Management*, Vol. 49, 2010.

[121] Uzzi, B., "Social Structure and Competition in Interfirm Net-

works: The Paradox of Embeddedness", *Administrative Science Quarterly*, Vol. 42, No. 1, 1997.

[122] Van De Kragt, A., Orbell, J. & Dawes, R. M., "The Minimal Contributing Set as a Solution to Public Goods Problems", *American Political Science Review*, Vol. 77, No. 11, 1983.

[123] Viekrey W., "Counterspeeulation, Auctions, and Competitive Sealed Tenders", *The Journal of Finance*, Vol. 16, No. 1, 1961.

[124] Walder Andrew, "Markets and Inequality in Transitional Economics: Toward Testable Theories", *American Journal of Sociology*, No. 101, 1996

[125] Wang, S. L., "Chinese Entrepreneurs Business Trust", in G. Hamilton (ed.), *Business Networks and Economic Development in East and Southwest Asia*.

[126] Wen-ya Chang, Hsueh-fang Tsai, Ching-chong Lai, "Effects of an Anticipated Expansion in International Public Goods on Public Capital Accumulation", *Journal of Economic Dynamic & Control*, No. 30, 2006.

[127] Williamson, Oliver E., "Transaction Cost Economics and Organizational Theory", In Neil J. Smelser and Richard Swedberg edited, *The Handbook of Economic Sociology*, New York: Russell Sage, 1994.

[128] Xiao-Ping Chen, "The Group-Based Binding Pledge as Solution to Public Goods Problems", *Organizational Behavior and Human Decision Processes*, Vol. 66, No. 2, 1996.

[129] Zukin, S. & P. DiMaggio, "Introduction", In Zukin, S. & P. DiMaggio (eds.), *Structures of Capital: The Social Organization of the Economy*, Cambridge: Cambridge University Press, 1990.

[130] 埃莉诺·奥斯特罗姆:《公共事务的治理之道——集体行动制度的演进》,上海三联书店2000年版。

[131] 阿玛亚蒂·森：《以自由看待发展》，中国人民大学出版社 2002 年版。

[132] 奥尔森著：《集体行动的逻辑》，董安琪译，台北远航出版事业公司 1989 年版。

[133] 鲍德威（Robin W. Boadway）、威迪逊（David E. Wildasin）著：《公共部门经济学》，邓力平主译，中国人民大学出版社 2000 年版。

[134] [美] 查理·罗蒂：《哲学与自然之镜》，三联书店 1987 年版。

[135] 曹发顺：《浅析新农村建设中影响农民主体作用发挥的原因及对策》，《农村实用技术》2009 年第 2 期。

[136] 曹锦清：《黄河边上的中国》，上海文艺出版社 2000 年版。

[137] 陈宇峰：《官僚组织、制度变迁与中国经济增长》，博士学位论文，中国人民大学，2006 年。

[138] 陈全功、李忠斌：《少数民族地区农户持续性贫困探究》，《中国农村观察》2009 年第 5 期。

[139] 陈锡文：《当前农业和农村经济形势与"三农"面临的挑战》，《中国农村经济》2010 年第 1 期。

[140] 陈锡文：《关于建设社会主义新农村的若干问题》，《理论前沿》2007 年第 1 期。

[141] 丹尼尔·W. 布罗姆利：《经济利益与经济制度：公共政策的理论基础》，上海三联书店 2006 年版。

[142] 《邓小平文选》（第 2 卷），人民出版社 1994 年版。

[143] 董江爱：《新中国农村基层民主 60 年的演变逻辑》，《马克思主义的研究》2011 年第 6 期。

[144] 董磊明：《农民为什么难以合作》，《华中师范大学学报》2004 年第 1 期。

[145] [美] 杜赞奇：《文化、权力与国家——1900—1942 年的华北农村》，王福明译，江苏人民出版社 1999 年版。

[146] 方行明、屈锋、尹勇：《新农村建设中的农村能源问题——

四川省农村沼气建设的启示》，《中国农村经济》2006年第9期。

[147] 费孝通：《乡土中国、生育制度》，北京大学出版社1998年版。

[148] 费孝通：《中国绅士》，中国社会科学出版社2006年版。

[149] 费孝通：《江村农民生活及其变迁》，敦煌文艺出版社1997年版。

[150] 费孝通：《乡土中国》，北京大学出版社2002年版。

[151] 费孝通：《试探扩展社会学的传统界限》，《思想在线》2004年第5期。

[152] 费孝通：《乡土中国生育制度》，北京大学出版社2002年版。

[153] 俸兰、李伟：《基督宗教对西南少数民族教育的影响及政策研究》，《西北第二民族学院学报》2008年第2期。

[154] 冯定星：《乡村政治精英权力合法性的理性化变迁——湖北L村1与杜赞奇华北乡村相关结论的比较研究》，www.sociology.cass.cn。

[155] 福山（Fukuyama，Francis）：《信任：社会道德与繁荣的创造》，李苑蓉译，远方出版社1988年版。

[156] 高文宇：《新农村建设中制约农民主体作用发挥的因素探究》，《长春工业大学学报》2006年第12期。

[157] 苟天来、左停：《农村社会关系研究述评》，《安徽师范大学学报》2007年第7期。

[158] 管爱华：《从血缘互助到现代合作——对当代中国农民合作伦理的经验分析》，《苏州科技学院学报》（社会科学版）2004年第2期。

[159] 郭俊敏：《充分发挥农民在改善农村民生中的主体作用》，《新乡学院学报》2009年第8期。

[160] 韩广洁等：《经济欠发达地区新农村建设理论与实践研究》，黄河出版社2008年第7期。

[161] 韩俊：《推进社会主义新农村建设需要处理好的若干重大关

系》,《开发研究》2006 年第 5 期。

[162] 国务院发展研究中心:《西南贫困地区新农村建设的探索——云南省红河州新农村建设调查》,《调查研究报告》2007 年第 8 期。

[163] 贺雪峰:《新乡土中国——转型期乡村社会调查日记》,广西师范大学出版社 2003 年版。

[164] 贺雪峰:《乡村秩序与县乡村体制——兼论农民的合作能力问题》,《江苏行政学院学报》2003 年第 4 期。

[165] 贺雪峰:《关于农民合作能力的探讨——兼答蒋国河先生》,《探索与争鸣》2004 年第 9 期。

[166] 贺雪峰:《差序格局与乡村治理的区域差异》,《江海学刊》2007 年第 4 期。

[167] 贺雪峰、苏明华:《乡村关系研究的视角与进路》,《社会科学研究》2006 年第 1 期。

[168] 贺雪峰:《论半熟人社会——理解村民委员会选举的一个视角》,《政治学研究》2000 年第 3 期。

[169] 贺雪峰:《熟人社会的行动逻辑》,《华中师范大学学报》2004 年第 1 期。

[170] 贺振华:《转型时期的农村治理及宗族:一个合作博弈的框架》,《中国农村观察》2006 年第 1 期。

[171] 侯江红:《农村公共物品的供求矛盾与财政支农的政策取向》,《经济问题探索》2002 年第 1 期。

[172] [美] H. 培顿·杨:《个人策略与社会结构——制度的演化理论》,上海人民出版社 2006 年版。

[173] 黄朝宾:《少数民族地区新农村建设的难点和对策——以贵州为例》,《贵州民族研究》2006 年第 4 期。

[174] 黄凡、黄启发:《西部地区新农村建设中村容政治工作的切入点探析——来自广西南宁市的农村调查》,《农业经济》2007 年第 2 期。

[175] 黄志冲:《农村公共产品供给机制创新研究》,《现代经济探

讨》2000 年第 10 期。

[176] 黄中伟、王宇露：《关于经济行为的社会嵌入理论研究述评》，《外国经济与管理》2007 年第 12 期。

[177] 黄宗智：《华北的小农经济与社会变迁》，中华书局 2000 年版。

[178] 胡必亮：《村庄信任与标会》，《经济研究》2004 年第 10 期。

[179] 胡敏华：《农民理性及其合作行为问题的研究述评——兼论农民"善分不善合"》，《财贸研究》2007 年第 6 期。

[180] 加里·S.贝克尔：《人类行为的经济分析》，上海三联书店 2002 年版。

[181] 加里·贝克尔：《人力资本理论：关于教育的理论和实证分析》，中信出版社 2007 年版。

[182] 井世杰：《乡土中国社会生态中的合作社组织》，《中国合作经济》2007 年第 10 期。

[183] 金雪军、毛捷、袁佳：《科学共同体合作行为的演化分析》，《经济评论》2004 年第 5 期。

[184] 柯武则·史漫飞：《制度经济学》，商务印书馆 2002 年版。

[185] 梁聪：《少数民族传统法文化与西部新农村法制建设》，《贵州民族研究》2006 年第 4 期。

[186] 梁漱溟：《梁漱溟全集》（第一卷、第二卷），山东人民出版社 1989、1990 年版。

[187] 林万龙：《中国农村社区公共产品供给制度变迁研究》，中国财政经济出版社 2003 年版。

[188] 刘愿：《"大跃进"运动与中国 1958—1961 年饥荒——集权体制下的国家、集体与农民》，《经济学》（季刊）2010 年第 3 期。

[189] 文贯中、刘愿：《从退堂权的失而复得看"大跃进"饥荒的成因和教训》，《经济学》（季刊）2010 年第 3 期。

[190] 刘辉、陈思羽：《农户参与小型农田水利建设意愿影响因素的实证分析——基于对湖南省粮食主产区 475 户农户的调

查》,《中国农村观察》2012年第3期。

[191] 刘精明、李路路:《阶层化:居住空间、生活方式、社会交往与阶层认同——我国城镇社会阶层化问题的实证研究》,《社会学研究》2005年第3期。

[192] 刘鸿渊、史青:《农村村级公共产品"三难"问题的制度经济学解释》,《财政研究》2007年第12期。

[193] 刘鸿渊、史仕新、陈芳:《基于信任关系的农村社区性公共产品供给主体行为研究》,《社会科学研究》2010年第2期。

[194] 刘鸿渊:《社会分层模式下的农村村级公共产品供给主体行为研究——一个基本的理论分析框架》,《西南民族大学学报》(人文社科版)2010年第9期。

[195] 刘承芳:《农户农业生产性投资影响因素研究》,《经济研究参考》2002年第3期。

[196] 刘奇:《农村社会转型与"三农"政策取向》,《中国农村经济》2007年第4期。

[197] 李金波、聂辉华、沈吉:《团队生产、集体声誉和分享规则》,《经济学》(季刊)2010年第3期。

[198] 李秉龙主编:《农业经济学》,中国农业大学出版社2003年版。

[199] 李伟民、梁玉成:《特殊信任与普遍信任:中国人信任的结构与特征》,《社会学研究》2002年第3期。

[201] 李佐军、刘英奎:《社会主义新农村建设与"三农"问题干部学习读本》,中共中央党校出版社2007年版。

[202] 罗兴佐:《农民合作的类型与基础》,《华中师范大学学报》(人文社会科学版)2004年第1期。

[203] [美]罗纳德·伯特:《结构洞——竞争的社会结构》,上海人民出版社2008年版。

[204] 罗荀:《西部大开发进入"升级"十年》,《中国财经报》2010年第4期。

[205] 罗伯特·阿克塞尔罗德:《合作的进化》,上海人民出版社

2007 年版。

[206] 曼瑟尔·奥尔森：《集体行动的逻辑》，上海三联书店 2006 年版。

[207] 毛泽东：《毛泽东选集》，人民出版社 1991 年版。

[208] [美] 马若孟：《中国农民经济》，史建云译，江苏人民出版社 2004 年版。

[209] 南刚志：《中国乡村治理模式的创新：从"乡政村治"到"乡村民主自治"》，《中国行政管理》2011 年第 5 期。

[210] 邱梦华：《中国农民合作的研究述评——兼论农民合作的定义和分类》，《调研世界》2008 年第 8 期。

[211] 邱贵明、蒋国河：《政府与农民关系的互动与调适——"八十年探索与新农村建设"学术研讨会述评》，《中国农村经济》2008 年第 3 期。

[212] 沈茂英：《西南少数民族地区新农村建设的特殊性》，《西南民族大学学报》2007 年第 3 期。

[213] 沈满洪、谢慧明：《公共物品问题及其解决思路——公共物品理论文献综述》，《浙江大学学报》（人文社会科学版）2009 年第 5 期。

[214] 盛昭翰、蒋德鹏：《演化经济学》，上海三联书店 2000 年版。

[215] 孙立平：《城乡关系视野中的新农村建设》，《商务周刊》2006 年第 6 期。

[216] 谭崇台：《发展经济学》，山西经济出版社 2006 年版。

[217] 陶勇：《农村公共产品供给与农民负担问题探索》，《财贸经济》2001 年第 10 期。

[218] 万能、原新：《1978 年以来中国农民的阶层分化：回顾与反思》，《中国农村观察》2009 年第 4 期。

[219] 王铭铭：《村落视野中的文化与权力——闽台三村五论》，三联书店 1997 年版。

[220] 《溪村家族——社区史、仪式与地方政治》，贵州人民出版社 2004 年版。

[221] 王曙光：《市场经济的伦理奠基与信任拓展——超越主流经济学分析框架》，《北京大学学报》2006 年第 3 期。

[222] 王永钦：《声誉、承诺与组织形式——一个比较制度分析》，上海人民出版社 2005 年版。

[223] 王玉玲：《论社会主义新农村工业化》，《中国特色社会主义研究》2006 年第 20 期。

[224] 王沪宁：《比较政治分析》，上海人民出版社 1987 年版。

[225] 汪前元、李彩云：《从公共产品需求角度看农村公共产品供给制度的走向》，《湖北经济学报》2004 年第 6 期。

[226] 韦伯：《社会科学方法论》，杨富斌译，华夏出版社 1999 年版。

[227] 韦倩：《增强惩罚能力的若干社会机制与群体合作秩序的维持》，《经济研究》2009 年第 10 期。

[228] 温铁军：《新农村建设与循环经济——实现"三农"可持续发展的反思与试验》，《农村·农业·农民》（B 版）2007 年第 1 期。

[229] 吴理财：《对农民合作"理性"的一种解释》，《华中师范大学学报》2004 年第 1 期。

[230] 吴玉峰：《新型农村社会养老保险参与行为实证分析——以村域社会资本为视角》，《中国农村经济》2011 年第 10 期。

[231] 吴福象、刘志彪：《城市化群落驱动经济增长的机制研究》，《经济研究》2008 年第 11 期。

[232] 贵州省农业委员会：《百村试点、百尺竿头——贵州省社会主义新农村建设经验交流集》，2010 年。

[233] 《云南省西双版纳州"十一五"期间"三农"工作情况暨"十二五""三农"工作展望》，2010 年。

[234] 朱明熙、冯俏彬、郭佩霞：《从扶贫看少数民族地区"新农村建设"的艰巨性和复杂性》，《经济研究参考》2008 年第 4 期。

[235] 刘鸿渊：《论西南少数民族地区新农村建设的现实困境》，

《经济体制改革》2011年第1期。

[236] 刘鸿渊:《贫困地区农村"空心化"背景下的基层组织建设研究》,《求实》2011年第3期。

[237] 陈怡男、刘鸿渊:《论社会主义新农村建设目标的公共属性》,《农村经济》2012年第12期。

[238] 刘鸿渊:《后援建时代的汶川地震灾区农村发展研究——基于农村居民可行能力的理论分析》,《社会科学研究》2011年第2期。

[239] 刘鸿渊:《农村社区性公共产品供给合作行为研究——基于嵌入的理论视角》,《社会科学研究》2012年第6期。

[240] 刘鸿渊:《基于治理结构的农村社区性公共产品供给合作行为研究》,《经济体制改革》2012年第5期。

后 记

本书是在国家社会科学基金项目《西南少数民族地区社会主义新农村建设中农民主体作用研究》研究报告基础上，经修改而成。本书前期调查完成于2010年前，近年来，随着国家对农村的财政投入力度的加大，西南少数民族地区农村经济、社会得到了快速发展，以2010年前的相关调查数据去审视研究对象，可能会滞后于现实，这是本书研究存在的不足之一。社会主义新农村建设是一项复杂的系统工程，农民在农村经济社会发展过程中的主体作用体现在多个方面，既存在着私人领域的主体作用，也存在着公共领域的主体作用，本课题仅将农民的主体作用界定在公共产品供给过程中，存在着研究范畴过窄的问题，这是本书研究的不足之二。

西南少数民族地区是我国经济欠发达地区和集中连片贫困地区，其加快发展对中国现代化建设和"中国梦"的实现具有重要的现实意义，加强对其发展进程中相关问题研究，为其发展提供科学的理论指导是广大理论工作者义不容辞的责任。纵观西南少数民族地区的经济、社会发展现状，后续研究应该关注以下问题。

一是以国家加大对西南少数民族地区的支持力度，扩大支持范围为背景，外源型的资源输入对农民主体作用的作用机理是什么，外源型的资源投入的绩效应该如何评估，公共政策有效性条件是什么值得研究。二是西南少数民族地区农村社区范围内存在极具智慧和地域特点的合作形式，建立在互惠基础上的合作形式降低了人们的生存发展风险，但随着农村社区的开放，原有的具有降低交易成本、降低风险的农村社会资本正在被建立在经济交易上的合作形式所取代，这种现象演化的动因是什么，其演化规律是什么有待于田野调查和社会学研究。三是西南少数民族地区的社会主义新农村建设"二十字"目标的实现基础是经济、社会的协调发展，相对于经济建设，农村社会建设更具复杂性，难度更大。在西南少数民族地区社会主义新农村建设过程中，其社会建设的特殊性是什么，社会建设的内容是什么，应该如何进行建设等一系列问题都有待于研究。四是西南少数民族地区是我国连片欠发达地区，农村资源外流现象较为严重，农村经济、社会面临着"空心化"问题，在新型城镇化建设进程中，西南少数民族地区的农村"空心化"有何特点，空心化问题的存在对于农村在整个国家分工体系中的功能和作用有何影响等问题都有待进一步研究。

　　本书是在集体智慧与精诚合作基础上完成的，课题组成员参与了课题的前期论证。在本书的形成过程中得到了西南石油大学人文社科专项发展基金的支持。彭新艳、崔胜男、南芳、李媛媛等硕士研究生在前期的调查过程中付出了艰辛的劳动。感谢贵州省册亨县、三穗县，云南省弥勒县、景洪县，广西融水县、四川西昌市、德昌县、会理县、盐边县新农村建设办公室在课题调研过程中给予的支持和帮助；感谢四川省哲学社会规划办公室在课题完成中提供的细心指导；感谢中国社会科学出版社王曦编辑在本书出版过程中付出的努力和艰辛劳动。